北京市教育科学"十三·五"规划重点课题《学区化教研共同体协作建构中小学数学审辩式思维课程的研究》（CADA17085）研究成果

教 | 育 | 知 | 库

审辩式思维的教学实践

李晓云———

主编

光明日报出版社

图书在版编目（CIP）数据

审辩式思维的教学实践 / 李晓云主编 . -- 北京：
光明日报出版社，2023.5
ISBN 978 - 7 - 5194 - 7231 - 3

Ⅰ.①审… Ⅱ.①李… Ⅲ.①中学数学课—教学研究
—初中 Ⅳ.①G633.602

中国国家版本馆 CIP 数据核字（2023）第 090111 号

审辩式思维的教学实践

SHENBIANSHI SIWEI DE JIAOXUE SHIJIAN

主　　编：李晓云

责任编辑：郭玫君　　　　　　　　责任校对：房　蓉　李佳莹
封面设计：中联华文　　　　　　　责任印制：曹　净

出版发行：光明日报出版社

地　　址：北京市西城区永安路 106 号，100050

电　　话：010-63169890（咨询），010-63131930（邮购）

传　　真：010-63131930

网　　址：http://book.gmw.cn

E - mail：gmrbcbs@gmw.cn

法律顾问：北京市兰台律师事务所龚柳方律师

印　　刷：三河市华东印刷有限公司

装　　订：三河市华东印刷有限公司

本书如有破损、缺页、装订错误，请与本社联系调换，电话：010-63131930

开　　本：170mm×240mm

字　　数：177 千字　　　　　　　印　　张：14.25

版　　次：2023 年 5 月第 1 版　　　印　　次：2023 年 5 月第 1 次印刷

书　　号：ISBN 978 - 7 - 5194 - 7231 - 3

定　　价：68.00 元

参与教师：

武彦玲，北京市第八十中学初中数学教师，朝阳区数学学科骨干教师。1999 年毕业于首都师范大学数学教育专业。从事初中数学教育 23 年，有丰富的一线教学经验。善于研究学生和研究教学，是一位善于思考和研究的教师。

蔡霞，北京师范大学硕士研究生，北京市第八十中学二级教师，主要从事数学课堂教学研究，多次参与课题研究，并著有多篇论文《审辩式思维在初中数学教学中的应用》《从趣味益智玩具课程看我校STEM 教育》等获得全国奖项。

田巧丽，毕业于北京师范大学，研究生学历，硕士学位。从事初中数学教学工作 13 年，中学一级教师，朝阳区优秀青年教师，特级教师工作室核心成员。曾参与朝阳区精彩课堂的录制、教材分析、专题讲座等工作。

刘珊，毕业于首都师范大学数学与应用数学系，本科学历，中学二级教师，2014 年至今任北京市三里屯一中百子园校区初中数学教师，目前担任初中数学教研组长，2019—2021 年被评为朝阳区优秀青年教师。

孙海山，男，满族。北京市第八十中学教师。毕业于首都师范大学数学和应用数学专业。从事数学教育、班主任工作近二十年。专注于数学建模方向的研究。参与国家级市级研究课题多项。

编委会

前言　知识、思维、审辩式思维的对话

何为知识？

何为思维？

知识和思维有什么不同？

审辩式思维有哪些特殊特征？

……

北京语言大学的谢小庆教授给我们举了如下例子进行说明。

例1　中国四大文学名著有《红楼梦》《三国演义》《水浒》和（　　）。

A. 《聊斋》　　　　　B. 《史记》　　　　　C. 《儒林外史》

D. 《西游记》

这道题的答案为D，考察的是知识记忆。

例2　彭平是一个计算机编程专家，姚欣是一位数学家。其实，所有的计算机编程专家都是数学家。我们知道，今天国内大多数综合性大学都在培养着计算机编程专家。据此，我们可以认为（　　）。

A. 彭平是由综合性大学培养的

B. 大多数计算机编程专家是由综合性大学所培养

C. 姚欣并不是毕业于综合性大学

D. 有些数学家是计算机编程专家

这道题的答案为D，考察的是逻辑思维能力。

例3 在关于"是否所有的适龄青年都应该去上大学"的讨论中，最有说服力的是（　　）。

A. 是，因为在大学年轻人可以有机会学习唱歌和跳舞

B. 不是，相当比例的年轻人既没有足够的能力也没有足够的兴趣去大学学习，他们很难从大学中获益

C. 不是，强度过大的学习会对一个人的人格造成永久的伤害

这道题的答案是B，因为上大学的目的不仅仅是唱歌跳舞，大学学习也不一定是强度过大的学习，所以选项B在论证观点与事实时更具说服力。这道题考察的是对一项论证的评价能力。

当今社会知识的获取已经日益便捷，移动互联网可以随时随地让我们查阅或学习所需的知识。但是这些知识能否支撑我们的观点或结论、能否做到与我们的观点相关或有效？这种评价往往影响着我们的决策，哪怕是生活中的小事。

例如，"1斤鸡蛋5元，3斤鸡蛋会多少元？"这样的小问题，生活中并不是像学校里学习的那样，依靠逻辑思维来完成，即1斤鸡蛋5元，3斤鸡蛋15元。

因为情况往往会是这样：

卖家：1斤5元，3斤13元。

买家：3斤12元卖不卖？

面对此种情况，卖家首先就要做出12元到底卖不卖的评判。如果卖家选择12元不卖，那么买家就面临选择：13元买不买？

无论对于卖家还是买家，这种评判都没有正确的标准答案，但的确在影响着我们的生活，这种评判就是审辩式思维。

审辩式思维不同于知识记忆，也不同于逻辑推理，它实际上是论证一项观点的评价能力。评价的结果可能是观点为真，也可能观点为假，

但这种评价一定要建立在不畏权威、不畏专家、敢于质疑的基础之上，同时审辩式思维还要求评价者要通过自己的思考和研究，最终建构出一个可以接受的新的判断命题或结论。所以，质疑、判断、新创是审辩式思维的核心特征。

新创是审辩式思维的核心特征，所以审辩式思维也一直被认为是创新型人才所必须具有的重要思维能力。其实随着审辩式思维的研究发现，审辩式思维对每个人在未来的发展领域如教育、政治、商业、科学和艺术等都会产生重要的影响，因此它不仅是精英教育，还是大众教育。

特别是科技飞速发展、信息不断变换的当下时代，拥有审辩意识和审辩技能的人们，能更加客观、公正、精准地面对变化以及变化所引发的新命题、新问题和新思考，因此审辩式思维的建构和培养已经成为世界关注的重要教育课题。作为一种建立在质疑精神之上的创新思维，它能让学生在未来的教育、工作、生活、政治、商业、科学和艺术中拥有独立的判断和认知，能让国家建构起属于自己的思维自信、认知自信和创新自信，因此无论审辩式思维的建构有多艰难，各国对它的探索和实践的脚步一直没有停止过。

数学作为思维的体操，一直蕴含着丰富的、深刻的审辩式思维素材。因为数学知识具有无限丰富的含义且不固定，它总是不断被新领域的概念所诠释和超越，因此在不同阶段、不同背景都有着不同的理解，就像"一千个读者心中就有一千个哈姆雷特"一样。这些认知过程为审辩式思维在数学教学中的建构，提供了其他学科所无法比拟的优势，所以借助数学学科进行审辩式思维的教学探索，不仅能帮助学生激活出丰富、独特、灵活、多变的审辩思维和创新思维，还能让学生养成在复杂现实世界中拥有自己判断和行动智慧的习惯和能力。

当然，在我国数学教学中，由于长期受 20 世纪 50 年代苏联所倡导的"真理—谬误"学习方法的影响，这种"不是真理就是谬误"的思维方式不仅将教学变成了一个传授和掌握"科学真理"的过程，而且其权威性、植入式的教学形态也扼杀了很多学生"个性的质疑和创新的思考"，所以数学审辩式思维的教学举步维艰，但更要奋力前行。

李晓云

2022．4．25

目　录
CONTENTS

第一章

审辩式思维与数学审辩式思维

审辩式思维是推动时代不断向前发展的动力和源泉。

早在 2000 年前的古印度，《卡拉玛经》中佛陀就曾对世人云：不要立即接受或相信任何事，以免成为他人（包括佛陀本人）的知识奴隶。而同样在 2000 年前的古希腊，学者苏格拉底也在语录中反复告诫弟子：保持质疑的态度，在不断地反问和诘问中寻找真正的智慧。

不要一味地接受，要保持质疑的态度和辨别的能力，最终形成一个自我认可的结论或认知，这就是审辩式思维。其中，质疑是前提，甄别是过程，新智是成果，"质疑—甄别—新智"是审辩式思维建构的基本过程，也是审辩式思维建构的"三部曲"。

数学思维是客观世界中的数量关系和空间形式在头脑中的反映，具有高度抽象和高度概括的特点。但是数学知识无限丰富且不固定的含义总是不断被新领域的概念所诠释和超越，因此在不同阶段、不同数学问题的背景下有着不同的理解，这些认知过程都为审辩式思维在数学教学中的建构，提供了其他学科所无法比拟的素材。

第一节　审辩式思维

　　审辩式思维是"critical thinking"的汉语翻译，它的原始形态最早可以追溯到亚里士多德（Aristoteles）的"思维的批判术"，但在教育界对审辩式思维最早关注的是约翰·杜威（John Dewey）。他强调教育培养的是具有社会民主理智的个体，对现有命题的态度应该是"同化""顺应"与"质疑"并存。

　　杜威的观点得到了不同领域学者的认同。继杜威之后，很多学者对审辩式思维的内涵进行了更为深入的探索和研究，形成了 10 多种不同领域且有影响力的审辩式思维的相关定义，这些定义都对审辩意识和审辩技能进行了相关说明，对比之下，"维基百科"的定义更是对审辩式思维的本质的概括和精准的描述。

　　"维基百科"对审辩式思维的定义描述，最终成为审辩式思维诸多定义中受众最广、引用最多、最有指导意义的描述。

一、审辩式思维的概念

（一）国外对审辩式思维概念的论述

　　美国学者格拉泽尔（Edward Maynard Glaser）于 1941 年提出审辩式思维的概念："审辩式思维是合乎逻辑的有关质疑和推理的方法，以及运用这些方法的技能（Glaser，1941）。"

　　恩尼斯（Robert Ennis，1989）从哲学角度提出的审辩式思维概念：

"审辩式思维是关于决定信什么和做什么的理性和反思性思维。"

舍夫勒（Scheffler，1973）认为审辩式思维不仅是学习能力，也是生活能力，他说："在生活的各个领域中，常展开对于制度和原则的具有批判性和开放性的评论，审辩式思维就是参与这些评论活动的能力。"（进行批判和开放活动的能力）

保罗和埃德尔（Paul & Elder，2008）提出审辩式思维能力包含以下内容："提出关键性的问题和难点、收集和评估相关的信息、运用抽象概念有效地解读信息、得到合理的结论和解释，用相关标准和规范进行检测、开放性思维，运用不同的思想体系进行重新思考，辨别和检验、思考自己思考的质量，有技能的、负责任的思考有助于做出正确的判断，因其善于感知，依靠标准和自我修正。"（审辩式思维建构的路径）

美国哲学学会运用社会调查中的著名的德尔菲方法，由 46 名相关领域的权威专家在进行了 6 轮反馈修订后，在《德尔菲报告》（*The Delphi Report*），表述出审辩式思维的定义："审辩式思维是有目的的、不断自我调整的判断。这种判断表现为解释、分析、评估、推论，以及对做出判断所依据的证据、概念、丰富、标准和其他必要并经条件的说明。审辩式思维是最基本的探索工具。因此，审辩式思维是教育的解放力量，是一个人个人生活和公共生活的强大资源。审辩式思维不只是一种良好的思维能力，它是无处不在的、自我调整以适应环境的人类现象。"

（二）国内对审辩式思维概念的论述

相比国外如火如荼对审辩式思维内涵、内容和培养手段等方面进行多维研究的情形，我国学术界做得更多的是将国外对审辩式思维研究的成果引入国内。

鉴于各领域对审辩式思维理解的侧重点不同，我国对"critical thinking"出现了多种译法，如，审辩式思维、评判性思维、明辨性思考、明辨性思维、辨识性思考、明审性思考、慎思明辨。

其中，北京语言大学的谢小庆教授和密歇根大学汉语教学部主任刘蒇教授支持"审辩式思维"的汉译，并指出将"critical thinking"直译为"批判性思维"会与审辩式思维的原意具有一定距离，因为批判性思维更多地强调对一项结论的评价态度，而忽略了评判的结果是新建一个可以接受的新命题或新结论。质疑是为解构，解构是为重建，所以"critical thinking"翻译为"审辩式思维"更为恰当，而且审辩式思维的译法更为正面，具有建设性的思想力量和创新态度。"维基百科"采用了这一译法。

谢小庆教授更是将审辩式思维的内涵浓缩为 12 个字，"不懈质疑、包容异见、力行担责"，使之推广更易。

（三）审辩式思维的维基定义

"维基百科"定义：审辩式思维是一种判断命题是否为真或部分为真，并通过理性质疑达到合理结论的思考过程。在这个过程中，包含着基于原则、实践和常识之上的热情和创造。

定义中明确指出：审辩意识是一种不盲从、不拒绝，具有质疑意识、需要去判断命题为真或部分为真的思考方式；审辩技能是从理性发现到合理论证过程中所需要的辨识、质疑、评估、校准、反思等能力的总和。

1. 审辩式思维是一种思考方式

对于一个命题（可以是任何领域），审辩式思维并不是表现为盲目接受或一味拒绝，而是先自主判断这个信息是否为真或部分为真，为真的信息接受，有质疑的则将其解构、剥离、分析、探究后再重建一个没有质疑的新立场、新观点或新假说。

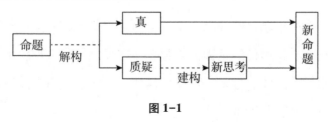

图 1-1

2. 审辩式思维是一个不断甄别、发现自我的过程

审辩式思维是专注于决定什么可信或什么可做的合理的反思性思考的过程，在这个过程中，主体是思维者本人，"什么可信？什么可做？什么为真？如何验证……"，这些都要由思维者自己做出判断，也是"不唯师""不唯权""不唯上"的质疑精神和发现自我、坚信自我的累积过程。

3. 审辩式思维是创新思维的基础

审辩式思维不是去验证已有结论，而是对已有结论进行自我判断的过程，不盲从、保持质疑的意识只是审辩式思维建构的前提，通过解构、再建构出一个新观点、新假说或新结论才是审辩式思维的结果。而且每个人因认知、个性、价值观、生活经验等的不同，又让这种创新的成果充满个性和多样性，所以审辩式思维被称为创新型人才所应具备的基本思维品质。

（四）审辩式思维的本质特征

1. 质疑——思维定式的突破

思维，按照信息论的观点，是指新输入信息与脑内储存知识经验进行一系列复杂心智操作的过程。心智操作在反复使用中形成了比较稳定的、定型化了的路线、方式、程序和模式，深入潜意识中并反过来支配自己的言行，这就是思维定式。

思维定式对于问题解决具有积极的一面，如同类问题或类似问题，会直接有了解决的方向、目标、方法和手段，省去许多摸索、试探、思考的时间，但思维定式也容易让人产生思想上的惰性，忽略世间的差异与变化，养成一种呆板、机械、千篇一律、"以不变应万变"的思维策略和解题习惯，错失新规律、新发现、新决策的呈现，造成知识后退和创新经验的负迁移。

审辩式思维让思维定式获得突破，突破思维定式就可以获得新的发展契机。要创造，就要培养学生善于从所谓的"定论""真理"中发现不合理之处，学会提出新问题、"有根据地判断"、大胆地想象，探索和发现解决冲突的方法。从一定程度上说，开发学生的审辩式思维就是开发他们的创新能力，打开科学创新的大门。

2. 甄别——高阶思维活动的锻炼

审辩式思维强调发挥人脑的整体功能和下意识的活动能力，它是将多种思维技能和倾向通过有机地整合而形成高阶思维。如果离开了思维活动的整体性，孤立地谈论哪一步是审辩式思维的建构毫无意义。

保尔（Paul）认为：人们仅仅凭借一个基本要素展开审辩式思维的情形是罕见的，通常必须整合多样的审辩式思维技能。而且，这种整合不是部分的机械相加，而是各个要素具体功能的融合。

审辩式思维由审辩意识和审辩技能两个维度构成。审辩技能包括：解释（interpretation）、分析（analysis）、评估（evaluation）、推论（inference）、说明（explanation）和自我调节（self-regulation）六项认知技能（cognitive skills）。每一项技能又包含若干子技能（sub-skills），可以分别对其进行评估和测试；而审辩意识则具有"质疑、求真和反思"三方面的内容。

这些意识和技能都说明审辩式思维活动不只是单一的头脑运动，它还融合了情感、经验、主动性和创造力，是头脑和身体共同参与的具有建构意义的综合活动。另一方面，审辩式思维活动也不是个人的活动，而必须由个人和他人进行协作才能完成。特别是所处的情境、个人的情感、气质、经验和文化背景这些可变因素，在思维活动中更难捕捉，对其规律性的认识也更为困难，使得质疑、甄别和重建更加成为一项复杂且综合的高阶思维活动。

3. 新智——创新成果的重建

思维是从起点向终点进行理性认识的活动过程。审辩式思维是一种建立在质疑精神之上的理性活动过程，它充满了创造性和独特性，是创新思维的前奏。

所谓创新，是指以现有的思维模式提出有别于常规或常人思路的见解为导向，利用现有的知识和物质，在特定的环境中，本着理想化需要或为满足社会需求，而改进或创造新的事物、方法、元素、路径、环境，并能获得一定有益效果的行为。

创新有三层含义：一是更新，二是创造新的东西，三是改变。

创新思维是指以新颖独创的方法解决问题的思维过程，通过这种思维能突破常规思维的界限，以超常规甚至反常规的方法、视角去思考问题，提出与众不同的解决方案，从而产生新颖的、独到的、有社会意义的思维成果。

创新思维的建构有三种：思维起点的创新、思维终点的创新、思维路径的创新。审辩式思维属于创新思维中思维终点的创新，而这种创新不是创造、不是更新，而是改变。改变思维终点中有质疑的论点，保留思维终点无质疑的论述，所以审辩式思维又被称作"有的放矢、最具化的创新思维"，它让创新思考的建构不再是空中楼阁的摸索，而是拾级而上的具体行为。

二、审辩式思维的现状

审辩式思维的特征是"质疑、独思、创新"，这些思维品质首先被精英和领导人才所推崇，因此很多国家在进行人才选拔性考试中都逐步设置并增加了对审辩式思维能力的考察。

（一）国外审辩式思维的现状

美国"研究生考试"中"分析性写作"部分和"高考（SAT）""审辩式阅读（critical reading）"都有对考生审辩式思维能力的考察，因此审辩式思维在美国是所有学生都非常重视和重点培养的素养。

1987 年"审辩式思维（critical thinking）与教育改革国际会议"上，英国人斯克里文（Michael Scriven）与美国人理查德·保罗（Richard Paul）共同发表声明，指出"审辩式思维"对每个人在未来的发展领域如教育、政治、商业、科学和艺术等都会产生重要的影响，因此它不仅仅是精英教育，更是大众教育，并强调审辩式思维的培养要从小开始，年龄越小，效果越明显。

这一观点获得大多数国家的认同。美国教育部率先响应，甚至规定将审辩式思维的培养提前到上学前，从幼儿园就开始注意发展儿童的审辩式思维。例如，引导儿童学习推理思维，学会考虑各种可能性，学会理解他人的想法，而随后其他国家也争相采取各种推进措施。如，新加坡为了发展青少年的审辩式思维，新加坡教育部、新加坡资讯通信发展管理局和微软公司从 2009 年开始联合开发了《再设计：审辩式思维评估（Redesign for Assessing Critical Thinking，简称 ReACT）》网络学习评估系统，开发 ReACT 系统的目的就是发展学生的审辩式思维。此系统通过由教师根据教材主题输入的影像、音频或图片等案例情景，让学生以发散性思考方式进行探讨。

其实，像这样为发展学生审辩式思维而采取措施的国家还有很多。

（二）国内审辩式思维现状

在我国由于受"罢黜百家、独尊儒术""遵循主流、跟随圣人""君君臣臣"等思维惯性的影响，审辩式思维发展具有先天的不足，特别是目前学校广泛采用20世纪50年代苏联所倡导的"真理—谬误"的学习方法，这种"不是真理就是谬误"的思维方式不仅将教学变成了一个传授和掌握"科学真理"的过程，而且其权威性、植入式的教学形态也扼杀了很多学生对"真理"的质疑和个性思考，而统一的标准答案更让审辩思维的建构和培养雪上加霜。

国际学生评估项目（Programme for International Student Assessment，PISA）考试是经济合作与发展组织（Organization for Economic Co-operation and Development，OECD）主持的国际学生评估项目，也是当今世界上影响最大、最权威的国际教育发展评估项目，意在测试世界各地公立学校中 15 岁学生解决阅读、数学、科学问题的能力。2012 年，中国派上海学生参加了 PISA 考试，在参赛的 65 个国家（地区）中总分名列第一，但在"问题解决"方面，OECD 在官方网站上公布了深度分析的结果：

第一，在完成那些熟悉的、常规的、知识获得性任务方面，上海具有明显优势，处于领先的第一梯队，明显高于平均水平。

第二，在完成那些陌生的、灵活的、需要创造性的任务方面，上海却低于平均水平，明显低于处于领先地位的新加坡。

第三，如果根据阅读、数学和科学三个学科的成绩来预测各个国家和地区的学生在"问题解决"方面的表现，一些国家或地区的学生表现高于期望值，另一些国家或地区的学生表现则低于期望值。如果按照与期望值的差距排名，上海在此项研究所包含的 44 个国家和地区中排在倒数第二，仅仅高于保加利亚。

这些结果显示，在 PISA 阅读、数学和科学的三项测试考察中，即使在上海这样发展较好的地区，学生的问题解决能力也不及新加坡、韩国等国家，也存在较大的提升空间。

2015 年、2018 年中国又参加了 PISA 测试，在问题解决这项测试中并没有很大提升。究其根源，问题解决在很大程度上依赖于学生的审辩式思维能力。虽然中国已经开始重视审辩式思维的培养和发展，很多学校和行业也开始对审辩式思维的建构进行实践和探索，但是缺乏系统的理论支撑和据实的操作流程，使得审辩式思维的建构很缓慢。

但是面对当今科技飞速发展、信息不断迭代的社会，拥有审辩意识和审辩技能，能让我们更加客观、公正、精准地面对变化以及变化所引发的新命题、新观点和新思考，能让学生在未来的教育、工作、生活、政治、商业、科学和艺术中拥有独立的判断和认知，建构属于自己的思维自信、认知自信和创新自信，因此审辩式思维建构在中国一定要不断探索下去。

第二节　数学审辩式思维

数学思维是客观世界中的数量关系和空间形式在头脑中的反映，具有高度抽象和高度概括的特点。但是其中却蕴含着丰富的、深刻的审辩式思维素材。因为数学知识具有无限丰富的含义且不固定，它总是不断被新领域的概念所诠释和超越，因此在不同阶段、不同数学问题的背景下有着不同的理解，就像"一千个读者心中就有一千个哈姆雷特"一样。这些认知过程为审辩式思维在数学教学中的建构，提供了其他学科所无法比拟的优势。

可以说，数学中每一个新定义、新定理的产生，都要经过漫长的质疑、论证、再质疑、再论证的过程才能被世人所接受，这个过程就是审辩式思维建构的过程，其中蕴含丰富的审辩意识和审辩技能，如果能让学生经历这些新知发生、发展、变换的过程，亲身领会这些质疑所引起的数学中的翻云覆雨，学生审辩的兴趣和渴望一定会更强烈，特别是这种有正确答案的质疑往往比某些学科发散、没有最终答案的研讨，更能打动学生的内心。

数学被称为思维的体操，它的学习直接影响着人类思维方式建构的形态。只有在抽象的、概括的数学思维中再建构出丰富、独特、灵活、多维的数学审辩式思维，才能在纷乱复杂的现实世界中，拥有明智的行动智慧。

一、数学审辩式思维的 logo

（一）数学审辩式思维的内涵

数学审辩式思维是指"一种判断数学命题为真或部分为真的思考方式，是一个通过理性达到合理结论的过程"。也就是说，面对一个数学命题，审辩式思维的表现是既不盲目地接受也不一味地拒绝，而是先独立思考命题的真假，为真的部分欣然接受，有质疑的部分则需要将其解构，再建构出一个新的、可以接受的命题、观点或假说。

从定义中可以看出，数学审辩式思维是一种思考方式，是拥有质疑精神、并且判断命题为真或部分为真的思考方式；数学审辩式思维也是一个过程，是从理性分析到构建合理性命题的论证过程；数学审辩式思维更是一种创新，是在原命题基础上进行质疑、解构、再建构新观点、新命题或新假说的"有载体"的创新。

因此在数学活动中，数学审辩式思维有三个维度的架构：审辩性知识（数学认知）、审辩精神（质疑意识）、审辩技能（甄别和重建技能）。三者相互作用，形成合力，共同作用于数学审辩式思维的建构。

审辩性知识：数学程序性知识、情境性知识以及数学元认知等学科知识。

审辩技能：有目的、有意识地对已有的数学表述和数学思维结果做出分析、判断、论证、诠释和校验的能力、推测与假设能力、自我调节与监控能力。其中，自我调节与监控能力是数学审辩式思维的核心，直接影响着审辩式思维的形成与发展。

审辩精神：不盲从、不迷信书本或数学权威，敢于质疑；有对个人和他人的思维进行反思、质疑和评价校验的意愿和情感，有思考的独立性和开放性、对事物的探究性与好奇心、对错误矫正的愿望。

以上表现对于数学家来说，能发现前人理论中的不足和错误，加以修正和改进，而对学生来说，则是能发现自己和同学们原有认识中的错误和不足，不断加以改进和完善。

（二）数学审辩式思维的特征

数学审辩式思维既是审辩式思维在数学学科中的体现，又是数学思维在审辩式思维教育理论中的反映。它除了具有审辩式思维所共有的批判性、独立性、论证性、重建性等特征外，还具有以下特征。

1. 先立后破

数学审辩式思维在很大程度上是对现有的数学知识、结论以及解题方法、策略的质疑与否定，而不是认同；是对自己的思维能力、思维过程、思维程序所凝聚的知识体系、逻辑建构进行监控和反思，而不是停滞不前。因此，先立后破是数学审辩式思维的典型特征。只有清晰和透彻已有的数学知识和数学逻辑，才会有发现矛盾、缺漏、差异的眼睛，进而有怀疑、质疑、批判、反思等审辩式思维建构的基础。

2. 逻辑推导

批判、质疑不是无根据地否定和拒绝，而是在大量收集信息的基础上，以一定的理论或事实为依据，进行客观的判断、逻辑的思考、分析事实和证据，然后做出决策，这个过程就是数学推理和证明的过程。如数学中的很多假设、猜想、观察通过数学中的逻辑推导后，才成为被广泛认可和应用的公理、定理。

3. 主动创新

数学是在虚拟世界中建立起的数字大厦，在这里拥有无穷的想象和创新。挖掘出逻辑盲点和断点，往往都会促成数学世界中质的飞跃。如，在数学几千年的发展历程上，曾发生过3次动摇数学根基的危机，其中每一次都曾使得人们尤其是数学家怀疑数学的合理性，然而经过无数数学家的力挽狂澜，这3次危机不仅没有让数学失去其合理性，反而使其变得更加强大。

质疑意味着创新，创新是对已有的数学概念、数学结论、数学结构、数学关系进行符合时代发展的诠释和改进。如，高斯、鲍耶（John Bolyai）、罗巴切夫斯基（Nikolas Lvanovich Lobachevsky）对"欧式几何与物理空间的性质具有先验的一致性"这一观点提出了极大的质疑，经过批判、质疑和反思，创立了非欧几何学。

4. 智能活动

数学的质疑和重建不是简单地感知、记忆、复述或应用，而是有意识地围绕特定目标、付出持续心理努力，需要发散、判断、反思等认知活动的复杂思维。尤其是它要在已有条件和给予结论间建立起一种符合已有运行规则和认知原理的逻辑关系。这种关系是一个发现、探索高级的智能过程。如，200多年悬而未决的哥德巴赫猜想，让数学家绝望的黎曼猜想，至今不知有解无解的纳维-斯托克斯方程……这些都没有机械的方式或固定的模式可以运用，并且受到元认知的监控，因此数学审辩式思维可以说是一种高层次的智能思维活动。

二、数学审辩式思维的地位

（一）审辩式思维与逻辑思维的关系

思维包括起点、终点和路径三部分。其中由起点到终点的路径必须符合一定的逻辑，即事物应遵循的内在规律。这个遵循内在规律的过程就是逻辑思维建构的过程。

所谓逻辑思维（logical thinking），是人们在认识事物的过程中借助于概念、判断、推理等思维形式能动地反映客观现实的理性认识过程，又称抽象思维。它遵循传统形式的逻辑规则，反映具体对象的本质规律，常称它为"抽象思维（abstract thinking）"或"闭上眼睛的思维"。

逻辑思维是一条确定的而不是模棱两可的，前后一贯的而不是自相矛盾的，有条理的、有根据的理性探究活动。

逻辑思维不等同于审辩式思维，因为它只关注论证是否符合对象的内在规律，证据是否真实、客观，但对"对象"本身并不讨论和鉴别，而审辩式思维首先要对逻辑论证的对象进行判断，判断为真的进入论证模式，有质疑的则需要将其解构为一个新的立场、观点或假说，进而通过论证最终建构出一个可以接受的判断命题。而论证也不仅仅是以表达出来的形式来判断本质联系上的逻辑论证，它更需要非形式上的实际论证。审辩式思维的实际论证中必然包含着起决定作用的隐含假设、情境或背景知识的内容，这些都不是形式逻辑分析的对象，却是审辩式思维研究的内容。

例如，"1 斤鸡蛋 5 元，3 斤鸡蛋会多少元？"这样的小问题，如果依靠逻辑思维来完成，即"1 斤鸡蛋 5 元，3 斤鸡蛋 15 元"。可生活中并不是这样，它的情况往往是这样：1 斤 5 元，3 斤 13 元（买得越多越便宜）。

（二）审辩式思维与创新性思维的关系

思维是从起点向终点进行理性认识的活动过程。

创新是指以现有的思维模式提出有别于常规或常人思路的见解为导

向，利用现有的知识和物质，在特定的环境中，本着理想化需要或为满足社会需求，而改进或创造新的事物、方法、元素、路径、环境，并能获得一定有益效果的行为。

创新有三层含义：一是更新，二是创造新的东西，三是改变。

创新思维是指以新颖独创的方法解决问题的思维过程，通过这种思维能突破常规思维的界限，以超常规甚至反常规的方法、视角去思考问题，提出与众不同的解决方案，从而产生新颖的、独到的、有社会意义的思维成果。创新思维的建构有三种：思维起点的创新、思维终点的创新、思维路径的创新。

审辩式思维属于创新思维中——思维终点的创新，而这种创新不是创造、不是更新，而是改变，改变思维终点中有质疑的论点，保留思维终点无质疑的论述，所以审辩式思维又被称作"有载体的创新""最易实现的创新思维"，不仅成为各国认定的创新型人才所具有的基本品质，还让创新的建构不再是空中楼阁，而是拾级而上。

（三）审辩式思维与批判性思维的关系

审辩式思维和批判性思维是"critical thinking"在两个不同时期的汉语翻译，它最初被翻译为"批判性思维"，后来发现，很多人看到的只是"批判"两个字，且望文生义，把它等同于含义的否定，下意识地认为，否定就是批判性思维，批判性思维必然包括否定。

其实审辩式思维的核心不是"否定"，不是单纯地说"不"、发难、破坏，用"揭露缺点或故弄玄虚的目标去做研究"，而是强调不要盲目接受现成的观点，要有质疑的态度和胆量，这个态度是中性的，它既不是肯定也不是否定，更不是判断，而是提问：对观念的理由、根据的提问——"它真吗"。

因此，"critical thinking"翻译为"批判性思维"不能体现其原意，何况面对一个新命题，"critical thinking"不仅仅要求一个批判质疑的态度，更要求评判者在独立思考和探究的基础上，建构出一个更为完整、严密、科学的新命题。

所以，在美国威斯康星大学英语教授宋明国、中国逻辑学会秘书长杜国平、北京语言大学的谢小庆教授等学者的建议下，"critical thinking"被翻译为"审辩式思维"，"维基百科"中文版采用了这一译法。

（四）审辩式思维与反思性思维的关系

反思是指回头、反过来思考，即对自己的思考过程是不是科学进行认真的评估和反思，从而不断对自己的思考方法进行改进，逐步变得越来越善于思考，思考的方法越来越科学。

反思性思维，是指对某个问题进行反复地、严肃地、持续不断地深思，针对的是已经发生的问题或事件，对其过程、结果、处理方式等内容主动地、不断地、反复深入地总结和再思考，以求得更严密的思维、更深入的认识或更科学的行为。

反思性思维的典型特征是对思维过程和思维结果的再思考，整个过程中有肯定、完善、提升，有质疑、论证、新建，也有顿悟、拓展、迁移，因此反思性思维中包含着审辩意识和质疑功能的环节，而审辩式思维是其中的一种活动，是面对相信什么或者该做什么的断言而所做的言之有据的反思性活动。

第一，审辩式思维中的反思首先要判断这是什么断言。断言是对于事物及其属性或者关系的一种判断，这种判断或是或否，或真或假，因此审辩式思维会反思，"该信什么"和"该做什么"。前一种称为"描述性反思"，而后一种称为"规范性反思"，这两种反思的答案是不同的。描述性反思又进一步划分为两类，事实类的和偏好类的。对于事实类的反思，有唯一确定的答案，它需要依据知识进行回答；对于偏好类的反思，它属于主观方面，没有对错之分。而对于规范性反思，答案是多样的，但是依据一定的标准，它是有优劣之分的。

第二，审辩式思维中的反思讲究言之有据。言之有据是审辩式思维的核心部分。它意味着对于每一个断言，一定要有理由支撑，这种理由对于结论而言应该是相关而且充足的。所谓相关，意味着理由的主语、谓语与结论之间具有一致性；所谓充足，对于不同的逻辑推理而言，含义是不一样的。对于演绎推理而言，充足意味着推理形式符合逻辑规则，是有效的；对于不完全归纳推理而言，它意味着理由的可靠性，就是说理由数量是足够多的，没有矛盾的；对于因果推理和决策推理而言，它意味着是最佳的。所谓最佳，是指在多个候选方案中它相对来说是最好。

第三，审辩式思维中的反思属于一种二次思维。所谓二次思维，是对已有思维地再思维。所谓已有思维，包括看到的网页、报纸杂志、电视，听到的广播，谈话中对于某个论断的论证过程。对于这些论断，需要对其思维过程进行反思，以此提出一系列理解性问题和评估性问题。理解性问题主要是弄清楚对方的思维结构，而评估性问题则是针对思维各个元素的品质进行提问，其目的是希望这种思维是合理的。

因为思维往往逃不脱它的固有规律，我们必须先初步考虑一次，再来仔细地考虑以修正结论，即使这样，对于"信息有遗漏吗？""立场是公正的吗？""隐含假设是合理的吗？"这样一些问题，我们是很难凭借个人的视角看清楚的。

从这个角度看来，在几乎所有的情况下，审辩式思维都是一种反省式的思维。

三、数学审辩式思维的发展

数学审辩式思维不是一般的数学思维，也不是简单的审辩意识和逻辑推理活动，它是建立在质疑精神之上的反思性思维、创新性思维与逻辑性思维的整合，是推动思维动态发展的有效手段。

数学是客观世界空间形式和数量关系在头脑中的反映和概括，是揭示客观世界事物之间内在规律的一门学科。由于客观世界的内在关系比较复杂，所以揭示也是一个不断认识、不断发展、不断深入的过程。这期间数学家们所表现出的不畏权威、勇敢质疑、大胆猜想、不懈论证、创新建构的态度和能力不仅促使数学一步步发展前进，还让数学审辩式思维在数学中的作用得到了不断提升。

如，在古希腊，几何就是数学的同义语，代数式都是以几何的面貌出现的，这给实际问题的解决带来很大不便。数学家笛卡尔（René Descartes）发现了这一问题，不畏权威，潜心钻研，勇敢地建立了解析几何系，不仅让数学发展出现代数化的趋势，还促进变量走进数学。其中牛顿（Isaac Newton）和莱布尼兹（Gottfried Wilhelm Leibniz）的微积分的产生，就是变量方法和代数思想的系统运用，开创出一门既非几何又非代数的数学新领域——微积分。可以说，微积分的产生，就是数学不断冲破固有思维，不断质疑原有体系，敢于相信力学、物理学等跨学科领域知识，不断创新探索的成果。

再如，在康托尔（Georg Cantor）的集合论产生之初，由于论述不够完备，所以数学界相继产生了很多悖论，其中较有影响的是 1992 年罗素（Bertrand Russell）发现的轰动整个数学界的"罗素悖论"，当时西方数学界宣布数学出现第三次危机。并由此产生了各种各样的数学流派，他们提出不同的数学观点和改造方案，相互辩论、相互质疑、相互批判，把数学基础和数学研究推向了一个新的高潮。在各个派别相互争辩的过程中，也使康托尔的集合论进一步得到了完善，并由此诞生了概率论。可以说，费尔马（Pierre de Fermat）、帕斯卡（Blaise Pascal）和惠更斯（Christiaan Huygens）等打破了以往的数学确定性研究的束缚，使数学开始涉猎偶然事件而促成概率论的问世。

还有数学史上无理数的出现、三大作图的不可能性、高次方程求根公式的不存在性、希尔伯特（David Hilbert）《几何基础》缺陷的发现等一系列数学事件，都是审辩式思维的产物。可以说，没有审辩式思维的质疑精神和质疑勇气，就不会有数学的前进和发展。

因此，数学中蕴含着太多的审辩式思维变革的素材，让学生经历这些知识演变的发展过程，亲身领会这些质疑所引起的数学飞越，会让学生质疑的兴趣和渴望更强烈，更加不畏权威，萌发个性想法，创新建构命题，实现数学发展的传承和进步。

第二章

数学审辩式思维的课堂建构

审辩式思维的核心是"保持质疑的态度和辨别的能力，最终形成一个自我认可的结论或认知"，它包含审辩精神（内部心理世界活动）和审辩技能（外部世界空间活动）两个部分。内部心理世界以思维活动为主，外部世界空间以学习者交流会话为主，审辩式思维的发展就是由内部心理世界的心理活动与外部世界空间的交流会话、两者不断相互促进与循环来推动完成的，其中，"对外界信息的交互与汲取"和"内部世界的思维加工与输出"是审辩式思维建构的核心。

国内外的教学研究表明，审辩式思维是可以通过教学来培养的。20世纪以来，审辩式思维心理学、八九十年代数学思维直观化的广泛研究，都为数学审辩式思维的教学提供了有益的支持。

第一节　建构路径

数学审辩式思维可以通过技能训练来完成。但是学生并不是一张白纸进入课堂，他们已经发展了基于无审辩性、自我中心性、社会中心性的习惯强化了的信念系统，因此对于他们拒绝的信念、假设和推理持有疑问是容易的，但对于已经接纳的、拥有的个人信念提出疑问是困难的。

因此审辩式思维的建构可分为三个步骤：首先，要创设能激发他们自己发现、自己思考的情境，借助这些情境将学生的心智、认知、情绪串联起来，产生自己的审辩观点；其次，在民主开放的氛围中研讨、分享不同的观点，让各样的观点得到碰撞、展示、修正和完善；最后，对重新建构的观点进行整理、总结和描述，并反思自己思考过程中的片面性和多元性。

一、创设情境，激活审辩

"只有适合于学生又有意义的情境才能产生有所收获的审辩活动。"可见，审辩活动的大门需要创设情境这把钥匙来开启。情境会让人产生很多假设，越接近实际生活的情境，产生的假设就越多。

假设是根据已知的科学原理和一定的事实材料，对未知事物的普遍规律性和因果性所做出的假定性解释。由于每个人的认知、阅历、情感价值观不同，因此面对复杂且真实情景中的命题，每个人所形成的假设、困惑、探究也各不相同。这种不同具有强烈的吸引力，不仅激发了学生的探索欲、改变了学生的学习方式、发展了学生的学习智慧，更为审辩式思维的建构奠定了丰厚的情感基础和思维基础。

因此，这一环节是从情境信息的输入开始，到做出假设的输出截止，主要以情境或外部真实世界的信息加工与初步判断为主，通过辨识与理解、分析与判断，做出与情境信息和观点相符的假设。

长期的教学实践告诉我们，良好的操作情境、良好的社会情境、良好的情绪情境以及智力情境，都有利于学生个性思考的萌发，因此情境创设的基本功能和作用主要体现在两个方面：一是通过真实且复杂的情境，让学生发现自己的假设以及与原有认知结构中的经验发生联系，引起对知识、科学以及人生探究的热情和兴趣；二是发现他人的假设及论断，反思、修正、完善自己假设的科学性和全面性，为下一环节的辩论研讨打下基础。

二、辩论研讨，修正审辩

辩论也称为"辩证"，亚里士多德称之为"逻辑"的前身。它是在理性的前提下，通过多角度的论点、多层面的材料以及不断地论证，去说服中立的第三方，它把输赢看得重于发现真理，但也因此极大地激发了个性理解、创新思考的观点发生。

研讨就是研究讨论，它是在充分研究的基础上，进行有效率地交流和相互理解，目的是发现真理或达成共识，不注重输赢。因此研讨能让双方对问题本身产生更理性的思考，从而加深对问题本身的理解，更适合知识的理解和对真理的认同。

由于情境中的第一假设往往是未经思考或片面思考而做出的，因此辩论和研讨就让学生发现或感悟到某些假设的不合理性，同时发现他人假设的合理性，从而促进个人进行更多角度和层面的思考和创新，同时这个过程需要辨别和评估每个人提出的证据和论证材料，因此所有的创新观点和个性理解还要在有证据、有材料、有数据的情况下进行。

这一环节是展示假设、接受反馈以及依据额外信息进一步加工和校准假设的过程。这是审辩式思维发展和完善的关键阶段，这种反复辩论和循环研讨的次数越多，审辩式思维建构的效果越好。

教师在教学中要提供民主、宽松、多样的平台和舞台，让学生的个性假设、多样假设、创新假设得到释放、交流、碰撞以及指导和引领，通过比较、分析、反思，导致认知结构的改造和重建，不断完成假设间的"同化"与"顺应"，建构新的审辩观点和假设，最终实现智慧成长。

三、总结反思，创新审辩

反思是一种思考问题的方式，它用批判和审视的眼光，看待自己的思想、观念和行为，并做出理性的判断和选择，从而实现自己思想、观念和行为的巩固、完善和变革。

本环节的反思与总结，主要是对整个思维过程以及最终的假设进行总结梳理，它从接受外部最终表述的结论开始，对整个思维过程和假设进行反思与加工处理，到形成反思总结的假设输出为止。总结的是最终的输出假设，反思的是思维的独特性和创新性，收获的是辨析、理解、推论、评估、校准的依据与方法，这是审辩式思维的成果，也是审辩式思维建构的意义。

教师要引导学生反思自己的假设过程，修正偏差、升华认识。如果后续的实践表明学生假设的正确性，那获得的自信感会让学生在新的信息中突破创新，如果验证的结果显示学生的认识不正确或不完善，学生也会在信息甄别的过程中获取更多的经验和智慧。

审辩式思维的建构是当今教育的重要课题。特别是在当今科技飞速发展、信息不断更迭的社会，拥有审辩精神和审辩技能，能让我们更加客观、公正、精准地面对变化以及变化所引发的新命题、新问题和新思考。所以审辩式思维也被称为"21世纪型能力"的核心要素,位列未来社会公民所具有的三大能力之首。

中国由于传统文化基因中缺少审辩式思维精神,而且在教育方法上多是采用"只给结论,不教论证,只做标准答案,不许离经叛道"的方法,造成当前教育形态在培养审辩式思维的路上还是相距西方国家较远。

第二节 建构原则

数学审辩式思维不是在真空中培养的,它的培养受到学生认知水平、教师教学理念以及师生所处的教育环境的影响,因此数学审辩式思维在教学实施中,必须坚持科学质疑、启迪创新、因材施教、思维对话的原则,才能在保证数学审辩式思维的教学顺利推进,同时不丢失它的特性和价值。

一、科学质疑的原则

审辩式思维教学的主要目的之一就是培养学生的质疑意识,特别是科学质疑的意识。这就要求在进行审辩式思维教学中,既要增强学生的质疑意识,又要让学生掌握质疑的程序,更要锻炼学生质疑的能力。

(一)增强质疑的意识

观念与思想具有先导作用,所以进行审辩式思维教学的前提就是要增强学生质疑的意识。首先,增强学生的质疑意识的前提是要培养学生的主体意识，要让学生认识到自己是学习的主体，表现出学习时的一种主观能动性，即主体的自觉性、选择性和创造性，建立在思维过程中对问题、疑惑、结果、论证的一种判断、评价、调控的意向。也就是说，学生是审辩式思维实施的主体，其主体意识越强，就越能主动地对思维的加工对象进行深度思考，从而质疑意识就越强。

其次，增强学生的质疑意识，还需要具备开放意识，以便克服不良思维定式和思维习惯的束缚。具有开放意识，就需要在教学中创设开放的教学情境，包括教学方法开放、学习方法开放、问题开放、解题开放、课型开放等。例如，解题开放包括一题多解、一题多问和一题多变，课型也可以包括基础课、拓展课、研究课，也可以是专题课、研讨课、自学辅导课、解题训练课、试卷讲评课等，但不管是什么课型或采用什么方法，都可以突出以提出问题、研究质疑和解决质疑为中心，去拓宽学生的开放状态，激发他们探索的热情和欲望，从而有利于数学审辩式思维和创造性思维的发展。

最后，增强学生的质疑意识，还必须进行学生问题意识的建构。问题意识是指在认识活动中，个体对情境提供的已知信息，依据自身的认识水平和知识基础，对条件未知的结论或已知条件与结论的关系产生的一种探究、怀疑、猜测的心理状态或思维习惯。问题意识是质疑的切入点，它驱动主体运用敏锐的观察力、果断的判断力、独立思考和善于质疑的能力，积极主动地思考思维对象的正确性及依据，从而不断提出问题和解决问题。心理学的研究也表明，意识到问题的存在是思维的起点，没有问题的思维是肤浅的思维、被动的思维。问题意识的产生依赖于数学情境的创设，数学情境要创造出质疑诱思之境，引导学生展开思维的空间，让质疑以及质疑探索顺势而出。

（二）掌握质疑的程序

学生除了要增强质疑的意识，还要掌握质疑的程序（见表2-1）：

表 2-1 质疑的程序

步骤	内容
1	明确怀疑或质疑的思维对象
2	检查质疑问题论证的真实性、正确性和全面性
3	检查证据与质疑的问题之间的逻辑推理是否符合逻辑规则、是否从多角度进行了分析
4	检查质疑的问题能否在更大范围内适用
5	从不同维度检查质疑问题的结论是否合理
6	检查质疑的问题是否存在未明说或已明说的偏见、立场和观点
7	对质疑的问题做出价值判断
8	提出自己的假设和预测结果

（三）锻炼质疑的能力

质疑能力是一种综合能力，它涉及数学活动中的分析、判断、评价、推理、解释和自我监控能力，它可以将质疑意识转换为具体的问题或预设。

锻炼数学质疑能力，主要是锻炼个体的辨异能力（分析、判断与评价能力的综合）、反驳与构造反例的能力（主要是解释能力）和元认知能力（本质是自我监控能力）。这三种能力对培养学生的质疑意识起着重要作用。

1. 个体的辨异能力

在数学学习中要有意识地比较、鉴别容易混淆的数学概念、法则、公式，提高辨别是非、真假、对错的能力，如，注意辨异和防止容易产生混淆的概念性错误，如辨异弧度与角度、正比例函数与反比例函数；注意辨异和防止容易产生错觉的错误，如 $(a+b)^2 = a^2+b^2$ 这类的错误；通过对典型错误的分析，提高学生辨析正误的能力。

例1 若 a、b、c 为实数，则 $\dfrac{a}{b+c} = \dfrac{b}{c+a} = \dfrac{c}{a+b} = ($ 　　$)$。

在本题中，我们可以将原式中的 a、b、c 看作未知数，通过设 k 解方程组的方法得出答案（方法一），也可以将其看作比例式，通过等比性质来求出（方法二），但不管使用哪种方法，在应用中都必须满足一个条件，那就是 $a+b+c \neq 0$，否则答案就不完整。

等式变形是方程的一种转化求值，在学习了比例性质后，个体辨异能力往往让学生由比值的恒等变形想到等比性质的运用。

方法一　设 $\dfrac{a}{b+c} = \dfrac{b}{c+a} = \dfrac{c}{a+b} = k$，则

$$\begin{cases} \dfrac{a}{b+c} = k \\ \dfrac{b}{c+a} = k \\ \dfrac{c}{a+b} = k \end{cases} \quad 即 \quad \begin{cases} (b+c)k = a \\ (c+a)k = b , \\ (a+b)k = c \end{cases}$$

将以上三式相加，得 $2(a+b+c)k = a+b+c$，

若 $a+b+c \neq 0$，则 $k = \dfrac{1}{2}$；若 $a+b+c = 0$，即 $a+b = -c$，则 $k = -1$。

方法二　若 $a+b+c \neq 0$，则 $\dfrac{a}{b+c} = \dfrac{b}{c+a} = \dfrac{c}{a+b} = \dfrac{a+b+c}{2(a+b+c)} = \dfrac{1}{2}$

若 $a + b + c = 0$，即 $a + b = -c$，则 $k = -1$。

2. 反驳和构造反例的能力

数学审辩式思维表现为能独立思考、不盲从、不迷信，能发现认识的不足和错误，善于检验自己的思路，不仅学会证明，还要学会反驳和构造反例。同时反驳使主体能严格地估计思维材料、分析思维过程，从而有利于质疑思维的开展。关成志以匈牙利数学家拉卡托（Lakatos，I.）斯关于"数学发现的逻辑"的论述为例，考察了数学教育对提高审辩式思维的作用，并引用了"证明与反驳"法的教学片段，说明了利用猜想和反驳，能构造出培养审辩式思维的重要情境。恰当地构造反例是反驳能力也是审辩能力的重要表现。在教学中运用反例，从正反两方面考虑、分析、评价问题，不仅有利于学生巩固数学知识，还能提高其知情、知错和防错的能力，从而有利于审辩式思维的发展，正如《教育心理学》中所指出："概念或规则的正例传递了最有利于概括的信息，反例则传递了最有利于辨别的信息。"这也说明恰当地运用反例，通过比较思辨、分化和思考错误，可以强化学生正确的认识，而且反例在辨析命题真伪时，具有直观、明显、说服力强的特点，所以构造反例判断命题的真伪，是解决数学问题的利器。

例 2　判断：若 $a>b$，则 $a^2>b^2$。

很多同学会认为上述命题是正确的，其实判断一个命题是真是假，第一反应不是去证明它的真假，而是思考它的反例是否存在，一个反例可以否定掉一千个正例的结论。在此题中，我们可以让 $a = 0$，$b = -1$，则 $a^2 = 0$，$b^2 = 1$，那显然 $a^2 < b^2$，所以以上命题不正确。

3. 元认知的能力

元认知是指个体对自身认知过程的认识和控制，它是思维整体结构功能的内在组织形式。所有由于元认知认识不同引起的差异，最终都将突出地在思维活动的敏捷性、灵活性、深刻性、批判性和独创性上表现出来。元认知能力培养的关键是要创造大量能激发学生高度自觉思维的情境，使之产生元认知体验，引发思维的自我监控和自我调节，同时可以培养学生反思、评价自己和他人解决问题的过程，特别是一些思考性较强、解题策略比较典型和丰富的问题，可以对不同想法的思考进行追踪和监控。

二、启迪创新的原则

创新原则是指教师在教学中创设能激发学生个性思考的情境，并通过正确地启发引导，激活学生内部动因，使其主动地获取知识，更好地分析、理解问题，并在此基础上创造性地解决问题。

如，《相似多边形》一节，教师可设计成如下情境：同学们，请你判断一下咱们教室内的这块黑板（见图2-1），它边框内、外边缘所成的矩形相似吗？你是如何判断的？如果不相似，那你能改动一下木框的宽度，让它们相似吗？

做一做

一块长3m、宽1.5m的矩形黑板，镶在其外围的木质边框宽7.5cm，边框的内外边缘所成的矩形相似吗？为什么？

图 2-1

在此情境中，教师首先让学生通过一个现实生活中很熟悉的场景，引发学生对"相似多边形的定义、性质、判定"的思考，同时通过一个开放式的宽度改动任务将学生的个性思维激活，为问题解决中的各种奇思妙想创造了空间。

通过以上课例，可以发现在教学过程中贯彻启迪创新原则的基本要求。

（一）创设适当的问题情境

数学情景的创设涉及素材的选取、内容的组织和呈现，它以培养学生的问题意识、创新意识和提高学生的数学思维能力为主要目的。在此过程中，通过给学生呈现生动有趣、富含挑战性的数学材料信息，达到激发学生好奇心和求知欲、引起认知冲突、诱发质疑猜想的目的，使学生从中运用审辩式思维发现问题、提出问题。

（二）注重学生思维的独创性

批判性和创造性是密切相关的两种思维品质，批判性提出问题和假设往往直接导致创造性的思维，这是因为带有考察性、描述性、评价性的审辩式思维只是确认问题、辨析问题、提出问题，而解决问题、寻求答案，最终要靠创造性思维（或者再创造性思维），所以个体创造力的发挥贯穿审辩式思维教学始终。

（三）发扬教学民主

发扬教学民主，即要求在教学过程中教师应该注意建立全面、民主、平等的师生关系和生生关系，营造宽容和谐的学习气氛，鼓励学生敢于发表自己的独特见解，允许和提倡学生对教师进行质疑。

三、因材施教的原则

审辩式思维教学不能搞"一刀切"，既要兼顾教材的思维层级，也要兼顾学生的认知水平以及认知差异，尤其是学生发展中的思维差异和心理差异。

最明显的例子就是数学教材是根据数学难度呈螺旋式上升的特征来编排的，所以对于同一个内容，它可能在小学、初中，甚至高中、大学重复出现。如，应用题：兔以 18 米/秒速度向前方 50 米树的洞逃，鹰在兔后方 110 米处以 45 米/秒速度追兔。问兔能否安全逃进树洞。此题在小学出现时用列算式的方法来解决，在中学可以用方程或函数的方法来解决，其中小学的算式又有 3 种列法：①直接比较时间；②假设时间相同，距离还是原来的距离，比较速度；③假设时间相同，速度还是原来的速度，比较距离。而中学的方程法又可以通过列一元一次方程和二元一次方程组两种方法来解决。

以上课例告诉我们两点。

（一）因"教材"而施教

学生的思维发展与其所处的年龄和年级阶段有很大的关系，在教学中教师一定要重视已有的知识和经验、知识背景和学习特点，使教学目标处在大多数学生的"最近发展区"内，不要过高要求学生的思维，让学生的思维处在一种轻松跳跃式的氛围中，以激发学生个性而进行有价值的思考。

（二）因"个才"而施教

即使在同一学段，面对同一内容，每个学生的思维状态和发展也不相同，我们既要保证群体思维的塑造和发展，也要为个性思维迸发的学生，提供开放的教学方式和宽阔的教学平台，让学生获得适合自身发展需要和发展节奏的教学指导与教学肯定。

同时，还要关注个体在群体中的心理差异。

威特金（H. A. Witkin）提出学生有两种认知方式：场独立性和场依存性。具有场独立性认知方式的个体在认知和行为中，较少地受到客观环境线索的影响，所有认知都来源于独立分析后的判断，表现出高独立性的心理倾向；而具有场依存性认知方式的个人在认知和行为中，往往更多地倾向于利用外在的参考标志，不那么主动地对外来信息进行加工，所有认知更倾向于通过外力的暗示来获得，因此更易受到群体的影响，心理较为脆弱，情绪较为动荡，这就要求教师在教学中真正关注到每个学生个体，为每个学生的审辩式思维发展搭建不同的平台，真正做到"一人一天地，一木一自然"。

四、思维对话的原则

在数学教学中进行审辩式思维，关键在于教师与学生的思维共振。为此，教师在教学中应坚持思维对话的原则，主要体现如下。

（一）平等对话

在思维对话中，教师与学生是互为主体的关系，因而双方在数学教学中的地位是平等的，双方都具有完整的个性。在对话的交互关系中，师生双方都在自由地思考、想象和创造，任何一方都不存在固定僵硬的学习模式和交流模式，也尽量减少预设的主张和看法，有的只是不断地发问、言说和回答。在不断发问、言说和回答中，数学的知识、经验、思想、价值、意义、真理、情感、态度都"裸露"在学生面前，学生便在参与对话中直观地把握了意义，获得了真知，锻炼了能力，开启了心智。

因此，思维对话不是把某种数学技能、方法等传递给另一方的方式和手段，而是展示数学技能和把握数学思想的过程，通过这个过程揭示真理，从而被学生真正地理解和欣然接受，使其内化为自己所有。对待同一事物，由于每个学生的数学思维方式、认知模式、知识结构等数学素质不尽相同，对问题的认识、理解和处理方法、思维过程也不尽相同。因此，合理的对话过程如春风化雨，不仅可以丰富学生"再发现""再创造"的数学经历，还可以拓展学生的想象空间，培养学生的数学思维，最终升华学生的情感积淀和数学文化素养。

（二）多元对话

在思维的对话中，要形成"多元逻辑探究"对话的情境。这需要两个条件：第一，设定拥有多样视点、多样标准框架的可能扩散的基本问题，并借助这种问题展开探究，形成基于多元逻辑展开论证的"判断"以及在这种判断中所要求"基于理性反思"的探究事实；第二，在视点与标准框架之间可以展开对话性交流。

由于多样的视点与标准框架是互不相容、各自独立的，因此在相互依存中进行"对话性思维"的交流就变成不可或缺。这种情形的思维对话一般分为三个阶段：一是，自我的视点与标准框架内的对话。由"为什么""什么""怎样"的问题引导自己的思维，增加论证的深度与广度；二是，自己与他者的视点与标准框架之间的对话。在复数的标准框架之间蜘蛛网般地穿梭琢磨；三是，自他视点与标准框架各自同整个视点与标准框架的对话。在整体之中了解自己的视点与标准框架的位置，思考为什么进行探究，从而基于囊括性的标准去调整、琢磨"舍去什么、重视什么，如何解释整体"。特别是在"对话性思维"中产生矛盾对立之际，展开"辩证思维"。保尔强调，辩证思维是"评价对立性思考的合理性的强弱、求得某种统整与共识"的主要原理。

（三）催生问题

在对话的交互关系中，教师不应作为知识的占有者和给予者，而应通过对话催生问题。苏格拉底曾说："问题是催生婆，它能帮助新思想的诞生。"学生的思维不是凭空出现的，他需要教师给予巧妙地引导或激活：或以疑释疑、以诘诱问，使学生通过思考一步步"逼近"目标；或点拨要点，使学生之间讨论、辨析，并在师生对话中得到思维的洗礼和升华。

对话中产生的问题应具有如下特点：①它不突兀，是在合情推理中出现的逻辑问题；②它不停留在命题的表层，而是在囊括性的、复杂性的语脉中展开思维；③它不仅仅是技能的提升，更是信念、观点和价值观的修正。

思维对话就是多元思维在平等的情形下的问题碰撞，数学教学的过程就是思维对话的过程，是教师与学生的思维对话、是学生与学生的思维对话、是过去与未来的思维对话，也是经验与创新的思维对话。坚持思维对话的原则，才会有审辩素养的出现，才会有创新发展的契机。

第三节　建构现状

中国由于传统文化基因中缺少审辩式思维精神，而且在教育方法上多是采用"只给结论，不教论证，只做标准答案，不许离经叛道"的方法，造成当前教育形态在培养数学审辩式思维的路途任重道远。

一、教学取向

与传统的教学不同，审辩式思维在数学中的教学不是传统权威（主要是固有的数学知识、模式）的确立，而是权威的消解，是一种质疑、批判精神的培养。也就是说，审辩式思维在数学中的教学注重的不是学生对知识的理解和记忆，而是学生在掌握一定相关思维技能的基础上，形成审辩意识和审辩能力。

这也使得不同学者在具体教学中有着不同的主张，大体可以分为两大派：一种是以恩尼斯和贝尔为代表，主张直接教导学生进行审辩式思维策略和规则的学习。他们认为，每个学科存在着可通用的一般性审辩原则，主张教学以一般性的审辩原则为重点，同时注重思维技巧的训练；另一种是以马克贝科、弗莱雷（Paulo Freire）为代表，认为进行审辩式思维教学要与学科知识相结合，主张在学科教学中培养学生的审辩式思维能力和批判质疑的精神。就像弗莱雷所认为的那样，单一地传授知识或技巧，都可能使教学变得死气沉沉，审辩式思维教学不是单纯地由教师将事实和技巧传授给学生，而是请学生自己批判性思考、审辩式决策他们所面对的课题、问题、学习过程和所处的社会。

上述两种观点分别对应着不同的教学取向和教学方法：前一种观点较倾向于讲解、练习的方法，用以教导学生学习审辩式思维的技巧；后一种观点较为重视通过讨论、提问、对话引导学生进行审辩式思维意识的建构，培养质疑的能力和习惯。无论哪种观点或取向，对于审辩式思维的培养，其教学至少包括三个层面：

①增强学生的质疑意识和批判精神。它包括了审辩式思维的态度、情感和倾向，使学生具有批判精神，敢于质疑、推理、猜想、重构和创造；

②建立数学中审辩式思维的相关知识。主要是指内容知识、程序知识、自我知识、情境知识，即进行数学中审辩式思维所必要的数学知识经验、数学程序性知识、数学情境性知识和元认知知识。

③提高数学中审辩式思维的智力技能，使其对所学问题或所遇到的事实清楚地进行主体判断，并由此形成一种清晰、稳定的思维模式。数学中审辩式思维技能主要包括分析能力、判断与评价能力、推理与假设能力、解释能力和自我调节与监控能力。

二、教学类型

审辩式思维是"判断一个命题是否为真或部分为真，同时根据自身的思考逻辑进行修正和完善的思考方式"，它包含审辩意识、审辩技能和审辩成果等三个维度的教学内容。

审辩式思维教学一般分为三类：一是作为"审辩式思维"的要素所抽出的必要技能，然后直接传授这些技能；二是注重"审辩式思维"中意识、精神、个性塑造的教学；三是将审辩意识同技能的训练一起加以施教的教学，也称为"融合式审辩思维教学"。

由于理想的审辩式思维不仅拥有认知能力、思维策略和思维技能，还拥有探究、质疑、澄清、智力冒险、批判性想象的思维倾向，因此积极的、创新的审辩意识同熟练的、专业的审辩技能相融合，共同培养和建构审辩思维的"融合式审辩式思维教学"是目前教学的主要形式。

融合式审辩思维教学，又分为两个层级：弱势融合教学和强势融合教学。所谓弱势融合教学，是指教学沿着有限的一个框架和概念进行单一地判断、质疑和完善的教学。它显著的特征是将下定义、比较、类推之类的个别技能作为目标，凸显"熟练的个人技能"，弱化学生个人思维与现实情境、他人想法、信息源的融合，容易形成以"自我中心"或"社会中心"的错误概念。

所谓强势融合教学，是指以价值观、信念为基准，运用多种技能做出合理判断态势或判断的教学。它的显著特征是，具体的教学内容和涉及多领域的教学问题成为培养学生形成客观、公正、批判、创新等审辩意识的载体。

美国加利福尼亚州立大学索诺漠分校"审辩式思维与道德性批评中心"所长保尔（R. Paul）指出："在现实情境中，仅仅凭借一个基本要素展开审辩式思维的情形是罕见的，通常我们必须整合多样的审辩技能，才能完成客观、公正、创新的信念和价值观的塑造。"因此，不要停留在"弱势融合教学"阶段，追求"强势融合教学"才是我们教学的目标。

三、教学问题

数学作为思维的体操，其教学的主旨一直在于提升学生的思维品质，特别是数学学科在培养学生审辩式思维方面具有其他学科所无法比拟的优势，这就使得数学中审辩式思维的教学研究在当今强调创新个性和创新能力的形势下变得异常重要。

（一）当今数学教学中忽视审辩式思维的培养

数学在培养审辩式思维方面，具有其他学科所无法比拟的优势。

因为在数学的发展过程中，旧的知识总是不断被新的知识超越，使得知识本身具有无限丰富的含义，且这些含义都不是固定的。一方面，不同的人可以将这些数学知识运用到不同的数学领域；另一方面，在数学的发展中，这些数学知识也在不断地被赋予更宽、更广、更新的内涵，这使得数学学习成为一个不断质疑、不断挑战、不断创新的过程，这使"不唯师、不唯权、不唯真理"的审辩式思维品质塑造变得顺理成章。

但是，我国数学教学一直忽视对审辩式思维的培养。

在上海对一所小学做过一项调查，题目是：船上有一位船长、86头羊和34头牛，问船长的年龄有多大？90%的学生认为船长的年龄应该是86-34=52，而只有10%的学生认为这个问题不对。从这项简单的调查中，可以看出学生"唯上、唯书、唯权威"，缺乏对知识信息怀疑的勇气和筛选的能力，更缺乏审辩的精神和创新的意识。

原因一，学生觉得数学中的结论和答案，都不容置疑。

数学中的审辩式思维教学不是质疑已有的数学事实，而是要引领学生经历数学事实推导、发展和完善的过程。

（二）教学一直徘徊在"弱势融合教学"层级上

当今数学界进行的审辩式思维教学，大部分是弱势融合审辩式思维教学。其根源是，学生不是教师能随意涂抹的一张白纸，他们已经发展了基于无审辩性、自我中心性、社会中心性的习惯强化了的信念系统。因此在审辩式思维教学中，学生对于拒绝的信念、假设和推理持有疑问是容易的，但是他们对自己所接纳的、以自我为中心的信念提出疑问是困难的。在学生幼小学习时可以提出很多质疑，但是随着权威性、植入式地教学灌溉，学生已经形成了对数学学习"非对即错"的自我信念，这使得数学中审辩式思维的教学，只能局限在围观技能、缺少融合的弱势审辩式思维层级上。

弱势融合教学不能有效地建构审辩式思维，因为它很少接触到思考者所拥有的信念和假设。弱势融合教学存在三种类型：①进行审辩式思维重要性的一般性体验，浅层地感知真与假、是与非、偏见与合理的思维建构；②讨论主张见解与不主张见解的差异，在学生并未考察条件与背景的情形下验证前提与结论之间的关系，引导学生学会讨论、评价；③发现结论中且可能纠正的小错误，探索形式上的或非形式上的新结论。这三种类型的教学都能用单一逻辑框架中既定的模式解决问题，没有发展人的合理性的质疑思维。

（三）课堂上缺少教师与学生的"思维共振"

目前的课堂教学，教师往往预知解题过程和答案，所以与学生做题时，教师袖手旁观；学生搜肠刮肚，教师暗自偷笑；在学生黔驴技穷之时，教师猛然"从帽子里掏出一只兔子"告知学生解答的过程。

这种缺少"思维共振"、没有和学生做到共情的数学课堂只会让学生的自信、探索欲、好奇心、想象力、挑战心受到影响，学生自我审辩的激情缺少共生的土壤，创新的水源变得枯竭。

"平等是互相对话的基石"。在教学中，教师与学生是相互促进的关系，双方在数学教学中的地位是平等的，双方具有完整的个性，因此在教学中教师不再高高在上，而是做专业上的"裸体主义者"，不仅能给学生带来精神上的鼓舞，而且能让学生看到，他们不是孤军作战，还有老师和他们并肩战斗，完成同一问题的质疑交锋，进而达到教师的思维方式与学生思维方式的相互映照、相互转化。

四、教学目标

（一）追求强势融合的审辩式思维教学

强势融合的审辩式思维教学具有如下特征：①不停留在个别技能的训练上，而是要求在囊括性的、复杂的语脉中展开思维；②不仅有思维技能，而且还要有借助对话促进伴有信念和价值观的思维；③通过不断质疑、平等对话，培养思维的倾向性、态度等心智特征。

应当说，这种整合思维技能与心智特征的教学构想才是我们审辩式思维教学的目标和方向，但是它在实践方面应注意以下策略：

①为学生提供自我发现和思考的机会。例如，借助学生的"集体思维"讨论作业中的问题；借助苏格拉底式的"诘问"将所学内容与问题解决连接起来；借助"线上线下融合"的学习平台进行自主学习，独立思考，引起质疑。

②引出学生的不同观点，并让其理解。这是同智慧勇气、智力共鸣和公平性的教学结合在一起的。因此教学中要创设开放的氛围，让学生在宽松、平等的环境里展开不同角度的思考，产生多重逻辑的见解，追求以往不曾有过的观念，甚至借助反方的观点提升自己的智慧和勇气。教师要为学生提供彼此坚持自己的观点立场、修正对方错误的机会，让学生透明地去面对不同立场的观点以及产生各异观点的理由。

③指出证据和根据。教师要引导学生就某种主张分析其理由，探索它的准确性，还必须使学生认识到，在做出判断时，作为根据的智慧、道德的基准必须是一以贯之的。

④确保探讨交流的时间。审辩式思维是一种反思式思维，正如伟人发现经历长时间的尝试错误一样，问题的解决也需要经过反反复复地思考。所以，审辩式思维教学必须提供充足的思考与研讨时间。

（二）追求"对话性思维""辩证性思维"的提问

保尔认为，"对话性思维"和"辩证性思维"的提问是活跃知识、重建概念、创新观点的重要路径。

所谓"对话性思维"可以界定为伴随不同观点与框架之间的对话与交谈的思维，即依据某种认知框架、鉴别各自的逻辑优点从而做出主张的思维。"辩证性思维"的特征也一样：采纳对立的观点，相互展开讨论，进而生成反论的思维，同时通过同他人的交互作用，产生合理化思维。

在对话性、辩证性的思维中，用得最多的就是利用提问刺激学生的思考，促进学生的讨论。提问时应关注四个角度：

①提问的契机。例如"为什么你是这么思考的""你能够想出这种结论的具体案例吗"；

②提问的根据。例如"你为什么相信这一点""相信这一点的理由是什么？"；

③同其他提问的对立。例如"你是如何看待这种对立的观点的"；

④提问的影响与结果。例如"相信这一点的结果将会怎样""付诸实践我们能获得什么"。

通过以上提问，教师成为反思性、分析性的听者，促进学生对话性、辩证性思维的产生。

（三）创造"思维型数学文化"

课堂教学总是存在着某种文化，不管我们是否意识到，学生都在进行着某种"文化适应"。传统的教学文化是一种"记忆型教学文化"，在这种文化中，教师的作用是向学生传递信息，学生的作用是接受、存储信息，并且按照这些信息行动。这种文化环境培养的是学生被动地接受知识的倾向，而不是积极地探寻和评价信息的倾向。

审辩式思维教学追求的是"思维型数学文化"，它具有六个要素：思维语言、思维倾向、思维控制、思维策略、高层次知识、转换能力。在这种思维文化中，不是要求学生被动地接受知识，而是鼓励学生进行有益地怀疑，使他们提出问题、探查假设、寻求合理性。

在创造"思维型数学文化"的过程中，应注意以下几个方面：

①有意义地接受学习。对于教师向学生传递知识，学生该如何接受知识。拒绝毫无疑念、囫囵吞枣地机械记忆，提倡有意义地接受学习。即从教师那里接受知识的整体形象，在认知范围内进行同化，使之成为有意义的要素加以认知的结构化。

②探究学习。如果说接受学习是教师向学生提示知识的整体形象并使学生理解的教学方法，那教师让学生自己去思考、补充局部知识的方式，就是探究学习。在探究学习中，鼓励学生独立思考问题、发现数学事实与数学法则。

③反躬自问。审辩式思维要求客观地、冷静地审视自己的思维过程，及时修正错误。审辩式思维并非普遍存在于每一个个体之中，归根结底，任何个体都只是某种程度上的审辩式思维者，因此审辩式思维需要长期训练乃至终生培养。

思维质量的优劣决定了人的整体素质的高低，思维方式的不同影响其生活质量。审辩式思维教学是为学生一生的发展、一生的幸福助力的教学，虽任重道远，但仍需负重前行。

第四节　建构策略

策略是指实现目标的计策或谋略。科学合理的策略是达成目标的基础。审辩式思维教学是为了培养具有审辩式思维和创新能力的、能担当民族复兴大任的时代新人，因此审辩式思维在数学教学中的实施策略应该是全方位、深层次、先进性、立体化、宽领域的系统建设。

数学作为建构思维模式，遵从逻辑规则的学科，因此质疑往往会受到既定法则、规则、规律和结论的阻碍。数学审辩式思维在教学中的关键就是摆脱原有定势的束缚，创设民主和谐的思维环境、开放宽阔的路径、丰富有趣的意义内容，让学生的质疑意识和审辩能力自然萌生、健康生长。

具体策略可以概括为三个方面，分别是形成思维场、建构模式群、贯通课内外。

一、形成思维场：历练优秀的思维品质

思维场是思维产生与运演的条件系统，是由思维的内外部条件构成的动力系统，它既是信息场，也是动力场，两者互相交融，相辅相成，是课堂教学中存在一定的智慧空间的载体。思维场把传统教学的课堂变成学生思辩的课堂，构建鲜活、动态、富有灵性的思维场，能有效地激

发学生的思维欲望，有力地促进学生的思维活动，提高学生的思维能力。

（一）在打开问题的思路中训练思维的灵活性

思维灵活性（flexibility）是指多方向、多角度思考问题的灵活程度。指善于根据事物的发展变化，及时地用新的观点看待已经变化了的事物，并提出符合实际的解决问题的新设想、新方案和新方法。学生思维的灵活性主要表现在：思维起点的灵活——能从不同角度、不同层次、不同方法根据新的条件迅速确定思考问题的方向；思维过程的灵活——能灵活运用各种法则、公理、定理、规律、公式等从一种解题途径转向另一种途径；思维迁移的灵活——能举一反三，触类旁通。

如何训练思维的灵活性呢？思维总是和"问题求解"不可分割地联系在一起，甚至不少心理学家认为，思维就是"问题求解"。而解决问题的前提是要能够对各种不同事物进行辨别、对事物的某种性质进行判定、对所处境遇做出决策、对问题确定处理或解决的方案等做出正确的判断，形成解决问题的思路。能否做出正确判断，能否有解决问题的思维灵活性，也就成为具有问题解决能力即思维能力的主要标志。因此，在教学过程中，应着重引导学生从不同角度去分析问题，在打开问题的思路中训练数学思维的灵活性。

1. 通过发散问题，提高思维灵活性

发散是指"从给定义的信息中产生信息，其着重点是从同一的来源中产生各种各样为数众多的输出，很可能会发生转换作用"。因此"发散思维"（divergent thinking）的打开就是对思维灵活性的培养，是理解教材、灵活运用知识解决问题、迎接信息时代适应未来生活所应具

备的能力，也是培养审辩式思维的通用路径。

数学中经常借助问题的一题多解、一题多变、一题多问进行问题发散，从而广开思路，掌握不同的思考方式。

例1 计算 $(0.5x+5)^2-(0.5x-5)^2$。

分析：教材上是利用完全平方和及完全平方差公式先算出 $(0.5x+5)^2$ 和 $(0.5x-5)^2$ 的值，再将所得的结果相减，这是常规方法。但若细心观察的话，就会发现这恰巧是平方差公式右边的形式，那么，根据公式的逆向应用，可以引导学生解题如下：

解：原式 = $(0.5x+5+0.5x-5)(0.5x+5-0.5x-5)$ = $10x$

若 a 与 b 所指的数比较复杂，如 $(3x+2y+5)^2-(3x+2y-5)^2$，那么后一种方法则明显优越于前一种。

例2 如图2-2所示，AB 是⊙O 的直径，BC 是⊙O 的弦，$OD \perp CB$ 于点 E，交弧 BC 于点 D。

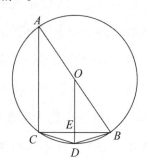

图2-2

（1）请写出三个不同类型的正确结论；

（2）连接 CD，设 $\angle CDB=\alpha$，$\angle ABC=\beta$，试找出 α 与 β 之间的一种关系式并给予证明。

分析：本题是在一定条件下，探求问题的结论，属于结论开放题。

解决此类问题时，通常采用由因导果的策略进行探求。解决这类问题的关键是通过观察、分析，发现图形所具有的特征及其中隐含的关系。这道开放题留给学生很大的想象空间。充分显示出思维的灵活性，同时也体现了不同学生对数学学习的个性化。教学中要引导学生多角度、多层次、多渠道地解答开放性的问题，培养学生的个性化思维，从而全方位培养学生的创造能力。

例3　如图 2-3 中的图（1）所示，$\angle AOB = 60°$，OC 是 $\angle AOB$ 内部的一条射线，射线 OM 平分 $\angle AOC$，射线 ON 平分 $\angle COB$，求 $\angle MON$ 的度数。

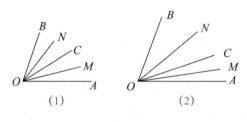

图 2-3

本题还可做如下变换：

［变题1］已知 $\angle AOB = 120°$，其他条件不变，求 $\angle MON$ 的度数。

［变题2］如图 2-4 中的图（2）所示，OC 为 $\angle AOB$ 内任一条射线，射线 OM 平分 $\angle AOC$，射线 ON 平分 $\angle BOC$，求证：$\angle MON = \dfrac{1}{2}\angle AOB$。

［变题3］如图 2-4 中的图（1）所示，点 A、O、B 在同一直线上。OC 是任一条射线，射线 OM 平分 $\angle BOC$，射线 ON 平分 $\angle AOC$，求 $\angle MON$ 的度数。

［变题4］如图 2-4 中的图（2）所示，$\angle AOC$ 和 $\angle BOC$ 互为余角，

射线 *OM* 平分∠*AOC*，射线 *ON* 平分∠*BOC*。求∠*MON* 的度数。

[变题5] 如图2-4中的图（3）所示，已知三角形 *ABC*，*F* 是 *BA* 延长线上的点，*AD* 平分∠*BAC*，*AE* 平分∠*CAF* 交 *BC* 于 *E*，求∠*DAE* 的度数。

[变题6] 已知∠*MON*=60°，其他条件不变，求∠*AOB* 的度数。

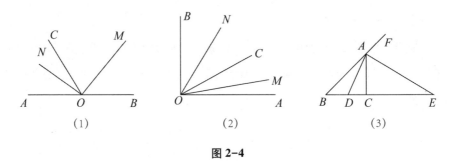

（1）　　　　　　　　（2）　　　　　　　　（3）

图 2-4

这种通过变换条件、结论互变、特殊条件变为一般条件等一连串的变换，使题目由浅入深，由简到繁。不仅训练了学生思维的变通性，而且也激起了学生的探求欲，促使他们主动进行变式练习，从而大大提高了学生解题的综合能力。

2. 挖掘深度问题，训练思维的深刻性

思维的深刻性一般是指思维活动的深度、广度和难度以及思维活动的抽象程度和逻辑水平。它集中表现在善于透过现象和外部联系，揭示事物的本质和规律，深入地思考问题，系统化、一般化地解决问题。思维的深刻性具有如下三个内在与外在特征：一是善于运用对立统一、辩证思维的观点理解活动对象；二是善于思辨、严谨认真、敢于质疑问题，勇探真伪；三是善于对学习中的问题深入思考，执着大胆地猜想、勇于尝试创造性的学习。很显然，这三个特征都是审辩式思维所拥有的核心特征。

在数学审辩式思维教学的过程中，思维的深刻性是审辩思维品质诸多特性中最具基础和最为显著的要素，对其他品质特性具有统摄和联动作用。在认识事物时，若缺少对其本质深刻地揭示，其灵活性无从谈起，其批判性等将是无源之水、无本之木。所以，应当把对学生思维深刻性的培养，作为培养其思维品质的立足点和突破口。

那么如何培养学生思维品质的深刻性呢？培养思维深刻性可以通过挖掘问题、进行横纵思维训练的方法来实现。横纵思维是在基本思维方法（包括分析、综合、抽象和概括等）基础上实现的更高层次的思维加工方式，是"发散思维—联想思维—创造想象"三个环节的具体化。在横纵思维过程中，横向围绕什么目标发散，朝什么方向联想都有明确的要求；横向加工内容和纵向加工内容也有具体的指示；尤其是纵向加工，其目的是挖掘、发现前所未知的新属性，所用的方法则是通过发散和联想思维，对某一层次的某个关键因素按照新的观点、新的角度或新的方向进行分析与综合，从而发现与该因素相关的新属性，这正是实现审辩式思维的关键，同时使思维更加具有深刻性。

例如，在学习二次根式的性质" $\sqrt{a^2} = |a| = \begin{cases} a(a \geq 0) \\ -a(a < 0) \end{cases}$ "时，

教师在复习二次根式的概念和公式 $(\sqrt{a})^2 = a(a \geq 0)$ 的基础上，先提出问题1：如果把式子 $(\sqrt{a})^2$ 的平方记号从根号外移到根号内，变为 $\sqrt{a^2}$ ，那么 $\sqrt{a^2}$ 等于什么？（学生脱口而出： $\sqrt{a^2} = a$ ）教师又提出问题2：如果把 $\sqrt{a^2}$ 改为 $\sqrt{(-a)^2}$ ，那么它又等于什么呢？（学生在教师的诱导下，得到 $\sqrt{(-a)^2} = -a$ ）这样便得到 $a = -a$ 的结果，这种结果使学生产生疑问，引起学生进一步主动地思考。教师提出问题3： a 取何值时，等式 $\sqrt{(-a)^2} = -a$ 成立？ a 取何值时，等式 $\sqrt{a^2} = a$ 成立？教

师化难为易提出问题4：你会计算 $\sqrt{5^2}$ 和 $\sqrt{(-5)^2}$ 的值吗？

教师通过不断地设疑和提问，引导学生去主动思考，激发学生的思维活动，调动他们主动积极参与教学活动的热情，增强学生学习的动力，有效地控制教学方向，达到深刻理解二次根式性质的目的。

3. 反思问题，提升思维严密性

科学研究的成功，重大科学奥秘、规律的揭示无不与实验方案设计、实施的严密性有着密切的关系，究其本质则是思维严密性的体现。思维的严密性（科学性、辩证性、深刻性、逻辑性）主要表现在通过细致缜密地分析，从错综复杂的联系与关系中认识问题的真假性。思维的严密性是在思考问题时能考虑到涉及实验的各个方面，做到"百密而无一疏"。

为了完整地反映整个事物，反映事物的本质和内在规律性，更为了思维成果在付诸实践的过程得以顺利施行，必须多视角、多侧面、多因素、多向度地进行思考和论证，必须对可能出现的情况、可能起作用的因素、可能发生的后果逐一进行考察和预测，然后经过分析、综合，依据对主要矛盾和矛盾主要方面的基本判断做出科学的抉择或决策。抉择与决策的把握性取决于多向度思维的严密性。没有"水银泻地"般的严密性思维作为前提，便不可能有"闪电行空"般地果断抉择与决策。

在学生的课堂学习中，表达和倾听是两个必不可少的要素，而这两个要素又与学生的思维紧密相关。倾听是在课堂上获得信息的重要途径，倾听教师的引导、倾听同学的见解能够帮助学生打开思路，带来启发；而表达则是在课堂展现思维过程和结果的形式，是将思维具体化地以言语的状态呈现出来。而学生的思维能力就是在倾听和表达这个往复循环过程中不断完善，不断丰富，臻于更加严密、准确的境界。关注学生的表达，培养学生的倾听习惯，并在表达和倾听中让学生思维的严密性得到进一步发展，做到三思而后行。

同一个问题，不同的学生，不同的思考角度，就得出了不同的思考结果。学生们正是围绕着一个核心问题在相互倾听和表达中拓宽了思维的广度，提升了思维的品质。只有思维过程展示出来，才能进行严密与否的判断。对于学生来说，课堂表达就显得尤为重要。而且，在充分表达的过程中，通过对他人表达的专注倾听与细致分析，同样也是增强思维严密性的策略。

思维的严密性表现在思考问题遵循逻辑规律，提出问题明确而不含糊，推理问题合乎逻辑规则，论证问题时条理清楚、有理有据。因此，在教学中，教师应注意学生说理、说思路的训练。思维是语言的内核，语言是思维的外壳，两者有着密切的联系。学生的表达往往反映了他的内在思维过程，让学生对他人表达的"挑刺"其实就是一个锻炼思维严密性的过程，是一种科学思维方法的学习。

4. 质疑问题，增进思维的批判性

如今的社会，信息是首要的资源，然而当我们面对的是一个信息海洋，当各种信息扑面而来时，我们就必须具备选择信息、评价信息、做出决策的能力。这就需要我们具有一种独立的批判性思维。不然，我们就有可能被信息的汪洋大海淹没，被各种似是而非的解决方案迷惑，被那些谎言误导。正因为如此，有人把批判性思维列为未来社会公民必须具备的五大技能之一。在《美国学校教学课程与评价标准》中指出"在课堂中应该形成一种氛围，以批判思维为教育的中心"。

思维的批判性主要表现为思维能够依据客观条件的变化而及时变化，从而适应各种不同的情况，这需要学生具备准确的判断和自我批判的态度。表现在学习中就是学生能对所学东西的真实性、精确性、性质和价值进行准确的个人判断，从而对做什么和相信什么做出合理的决策。古人云："学起于思，思源于疑。"心理学研究表明，"疑"最容易引起定向——探究反射，有了这种反射，思维也就随之产生。科学的发明创造往往是从质疑开始，从解疑入手，因此在课堂教学中，教师应把质疑、解疑作为教学过程的重要组成部分。如何鼓励学生质疑并且指导解疑，需要讲究策略。从日常教学中可以发现，学生提出的问题大多是一般性的问题，教师可以不必急于解难，应鼓励学生自己解答，使学生既敢于质疑，又能解疑，以树立其信心。

学生学习的根本就是在"发现问题—分析问题—解决问题"的思维流程中能够采用正确的思维方式获得结论。不能发现问题的学习是肤浅的，不能解决问题的学习是徒劳的。因此在教学中要启迪学生善于发现问题，更重要的是让学生能够独立地、多角度地、辩证地思考问题，从而能够有效地解决问题，这是学生思维能力发展的核心所在。学生在不断地质疑和反思中能够形成更为稳定的思维方式，在面对问题时不仅能够有的放矢，并且不会墨守成规，学生的思维便会充满灵活性与批判性。

批判的过程实质上是一个提问的过程，而提问本身就是一个批判的形式。在课堂上我们要把自己当成学生的伙伴，一定要保持人格上的平等，不但要容许学生质疑，而且要有意识地去激发和培养学生的思维批判性，多问一个"真是这样的吗?"，促使学生多反思，多质疑，这些看似平凡的反思、质疑一定会增强学生思维的批判性，为学生科学素养的形成产生积极的作用。反思与质疑可以引导学生批判性思维的形成；同样地，批判性思维需要经由反思与质疑。这就需要教学中要做到从质疑到批判，从批判进而解疑，形成一个科学理性的过程。

如果学生习惯于批判地、反复地深入思考问题，那么他们的思路就会变得开阔、灵活，见解就更深刻、新颖，也就更容易形成创造性思维。我们在教学实践中不难发现，几乎所有学习成绩优秀的学生都具备较好的批判性思维能力。21世纪是国与国之间科学技术竞争更加激烈的世纪，我们的学生将是国家重要的建设者和接班人。在新世纪里，缺乏批判性思维就难以实现创新，而创新是一个民族进步的灵魂。因此，批判性思维的培养应基于学生每一天的学习与实践，并进一步延伸为学生的个性品质，让质疑与批判性反思伴随着学生创新意识的形成而丰富。

5. 拓展问题，培养思维的创造性

思维的创造性是思维活动的高级过程，是个人在已有经验的基础上，发现新事物、创新思路，进而解决新问题的思维过程。这是发散思维与聚合思维的统一，从而使某种设想脱颖而出。思维的创造性表现为：善于摆脱逻辑思维的束缚，借助直觉洞察研究方向和选择课题；善于打破思维定式，诱发灵感，捕捉机遇；善于摒弃已有的认识模式，发挥想象标新立异；善于转换思路，对问题进行发散思维，特别是逆向思考；善于对事物进行联想和类比，从中启迪思想；善于在极不相同的事物间发现共同点，在极为相似的事物间寻求不同点；善于在事物的多样性中寻求高层次的和谐与统一；善于综合运用各种方法解决和处理问题等。

发散是指大脑在思维时呈现的一种扩散状态的思维模式，它表现为思维视野广阔，思维呈现出多维发散状。发散是指从所给的信息中产生信息，从同一来源中产生各种各样的为数众多的输出，这是一种高层次的思维方式。"拓"是开拓、开辟，"展"是展开、发展，"拓展"即开辟新的领域，追求新的发展。教学的拓展就是结合教学内容，让学生多阅读一些，多知道一些，多思考一些……有效地拓展，可以开阔学生的眼界和胸襟，丰富他们的体验和阅历；可以给予他们实践和创新的自由，提供给他们失败和成功的机会，从而促进他们的全面发展。拓展是从一种学习到另一种学习的关联，这是一种知识与能力的迁移。发散呈现的是"横看成岭侧成峰，远近高低各不同"的多角度、多层次；而拓展实现的是"举一隅而反三隅"的全方位。因此在教学中尊重学生意见，提倡学生大胆思考，鼓励学生发问，注重培养学生换个角度看问题的习惯，对解决问题会产生突破性的效果。

一石激起千层浪，一个问题为学生创设了思维发散和拓展的空间，同时激发了学生的想象力，得到了丰富多彩的答案，每个答案都有其中的道理。学生对这个问题的理解程度就能看出其思维的深度与广度。学生思维的创造性就在这样的学习活动中培养起来了。

二、建构模式群：冲破传统的思维困境

教学模式是在一定教学思想或教学理论指导下建立起来的较为稳定的教学活动结构框架和活动程序。它包括五个因素：理论依据、教学目标、操作程序、实现条件、教学评价。

教学模式是具有独特风格的教学样式，作为结构框架，它必须突出教学活动整体及各要素之间的内部关系和功能；作为活动程序，则必须突出它的有序性和可操作性。

数学模式的"程序化""技术化"，被很多教师简单地认为，是在具体环节和方法中去指导教师如何教学，这样就很容易将教育降格为一种技能训练，把教学降格为一种简单的程序操作。

现代教学论认为，优化课堂教学过程、释放教学理念，既需要一个相对稳定的教学模式，但又不能一成不变，应该因情而制、因学制教。因为没有一种模式是能够适用于所有学生、所有老师、所有内容、所有学段的教学要求的，只有在遵循教学原则和规律的基础上，根据教学内容、学生情况和个性化追求的不同，挖掘出在不同阶段、不同层次、不同手段、不同追求下的适合学生和谐发展的形态各异、侧重有别的模式样态群，才能让教学自由强劲地发展。

在我国，研究审辩式思维的起步较晚，虽然也出现了大量有关审辩式思维培养的研究，但是如何通过建模的方式在课堂上实现审辩式思维培养的研究少之又少。

审辩式思维在教学中的建构，其一般模式还是以思维的"自省—自证—自修—自用"为主线设计教学程序和内容，创设出"审辩式思维运行的情境+质疑展示和研讨+修正完善命题+拓展应用"，但是放在教学中，特别是数学学科教学中，作为思维体操的数学，常常表现出不可控性、突发性、延展性、灵活性等特征，因此数学的审辩式思维教学还不能用单一的模式或一条路线控制它，毕竟我们培养学生审辩式思维的目的就是要塑造不盲从、不执拗，能客观地认识世界和社会，具有理性、个性、创新性思维和能力的新时代人才。

因此，数学审辩式思维教学在坚持"科学质疑、启迪创新、因材施教、思维对话"原则的基础上，创建更为灵活、广阔、开放、个性的模式群，彰显思维和教学的自主性、发展性和创新性。

数学审辩式思维的教学模式群主要包括：以质疑驱动为中心的教学模式、以研讨辩论为中心的教学模式、以实践活动为中心的教学模式、以思维导图为中心的教学模式、以反思自省为中心的教学模式以及以阅读探究为中心的教学模式，这些多样性、互补性、融合性的模式群形成了数学审辩式思维建构的生态系统。

(一) 质疑驱动式教学模式

质疑驱动式教学的起点就是提出问题,这也是质疑驱动教学的重点。首先在教学之初,教师必须充分激发学生的思考,使之产生问题。产生问题的路径可以是针对事物有所质疑或疑问而提出问题,也可以是针对事物的缺陷或不足而提出问题,还可以用发展的眼光对事物的后续发展进行探究或预测而提出问题,这些多维、多样、多层的问题组成了质疑驱动教学的原始素材群。

接下来,教师和学生要对这些问题进行分类和比较,根据问题的深浅、难易、宽窄以及学生的关注度,师生共同选出其中关键性的质疑,聚焦核心性的问题,进行下一环节的讨论和探究。

在讨论和探究环节,师生可以围绕以下问题进行:聚焦质疑的论点是否合理?论据是否真实?论证过程是否符合逻辑?质疑的后果是什么?……学生互相表述自己的观点,并根据已有信息或收集的信息,判断或采纳他人的观点,经过不断地研讨、交流、探究,最终形成对质疑或问题合理的解释。

最后,将质疑引发的问题予以解决,并客观描述其中的原理,达到思维的整体提升。

质疑驱动式教学模式的一般流程如图 2-5 所示。

(二) 研讨辩论式教学模式

研讨辩论式教学模式是在质疑驱动式教学模式上发展而来的,其重点是课堂辩论,操作上较为复杂。

研讨辩论式教学与辩论赛有着相似之处,但绝不等同于辩论赛。研

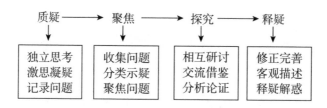

图 2-5

讨辩论式教学是学生在教师的指导下，针对学习中的问题，选定辩题，根据自己的理解和认识形成正方和反方，采用辩论的形式，各抒己见、辩驳问难，在论证己方论点并力求驳倒对方论点的过程中，加深对命题的理解。其实在整个辩论过程中，其重点不在于辩论的技巧，而是对命题的理解和阐释。

英国哲学家图尔敏（Toulmin）1942 年提出了一个可以应用在教学中的辩论模型，不需要太多技巧，就可以让学生像苏格拉底"诘问"一样不断逼近论题本质，有效地激发和引导审辩思维的产生，并且对审辩思维的深度和广度进行调控和评价，这使得"审辩有了载体，创新有了根，审辩思维不再是无的放矢，而是拾级而上"。

研讨辩论式教学主要采用以下程序：

第一步，准备论点——提前一周将论证课题布置给小组长，由小组长带领组员进行论证板块的分工、研究和汇总。

第二步，展示论点——由某一小组代表按照图尔敏模型的构成，依次进行"主张—审辩（质疑及解释）—新主张"的展示。

第三步，辩驳互论——听众对论题中的"理由""保证""论据""支持"中的内容提出问题，然后由展示小组进行解释或反驳，这种"质疑+反驳"的链条可以循环多次，直至质疑解除。

第四步，完善论点——在多次"质疑+反驳"的基础上，由展示小组对结论进行更客观、更科学、更严谨的描述。

57

研讨辩论式教学模式的一般流程如图 2-6 所示。

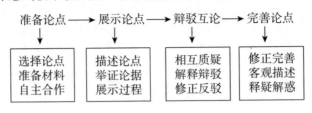

图 2-6

（三）实验探究式教学模式

数学实验不同于物理、化学、生物等实验，数学实验的本质特征体现为借助一定的物质工具，在数学化的思维指导下，通过实验操作解决问题的数学实践。

实验探究式教学模式，是指以数学中质疑的问题或观点为研究对象，通过实验操作或论证的方式探究出质疑现象和问题的本质，从而得出结论的模式。

"实验探究法"被称为理科教学的基本方法。英国科学教育运动倡导者阿姆斯特朗认为："实物教学或演示实验不管有什么样的价值和效果，都无法与发现式的实验教学相比拟。""只有通过观察、实验来探究事物和现象的运动规律，才能从本质上对科学有个理解。"①

实验探究教学也会激发学生对数学的求知欲和探索以及创造的欲望，学生在学习数学的过程中，通过自己动手操作和观察对数学有关的知识结构和猜想进行验证，在原有知识的基础上构建新的知识理论体系，学习新的数学理念，总结数学新规律，逐渐形成学生勇于探索、科学求知的良好品质，锻炼学生的思维能力，促进学生的综合发展。

----

① 阿姆斯特朗：英国著名的哲学家、教育家，以提倡自然科学和科学教育而著名，开辟了近代科学教育的道路。

实验探究式教学模式主要采取以下环节（见图 2-7）：

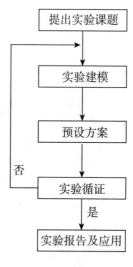

图 2-7

第一步，提出实验课题。通过现实生活中遇到的问题，识别出可以通过实验来探究的问题。

第二步，实验建模。根据要探究的问题，建立数学模型，然后通过"头脑风暴"选取合理的实验内容，并预设实验结果。

第三步，预设方案。根据实验预设，设计实验方案及具体步骤，明确要达到的目标。

第四步，实验循证。根据实验方案，进行程序测试，发现问题及时解决，并优化实验方案，直至得到准确结果。

第五步，实验报告及应用。分享实验过程，展示实验成果，应用实验结果解决实际问题。

（四）思维导图式教学模式

思维导图又称心智图、脑图（见图 2-8），是 20 世纪 60 年代初期由英国教育学家东尼·博赞（Tony Buzon）提出的。他按照人类放射性思维的特点，以一个关键主题为中心，主题的分支从中央图形向四周放射，各个分支形成一个个连接的节点结构。这样思维导图就成为一种可视化的图像，在头脑中我们可以将色彩、图像、文字等多个概念结合在一起，以直观形象的图示建立起各个节点之间的联系，模拟思维网络系统使人思考、记忆分析和归纳创造，最大限度地激发大脑的潜能，帮助学习者高效地记忆、理解知识，理清脉络、解决问题，训练学习者的逻辑思维，提升创造能力。

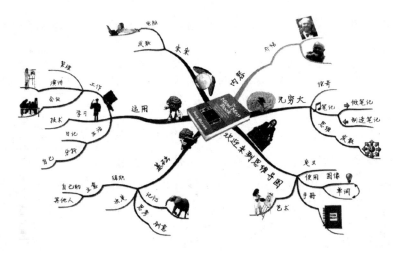

图 2-8

思维导图作为一种有效的教学辅助工具，其核心是将形象思维和抽象思维相结合，将抽象的思维过程转化为具体的文字、图形和线条，使学生从整体看见主题与各分支以及各个分支之间的联系或脉络层次，促进学生新旧知识的连接和整合，层次分明地浓缩知识结构，达到快捷梳理知识体系和方法拓展的效果。

思维导图式教学模式是以思维导图的绘制、讨论、修正与完善为教学主线，通过思维导图的个性分享与相互质疑，发现问题解决或构成的路径和逻辑，从而优化思考过程、促进思维发展的教学范式。

思维导图式教学模式实施的关键是对数学知识和方法的深度理解和把握，因此思维导图式教学第一步就是确定主旨、绘制导图。此环节一般放在课前预习中完成，即在预习环节中，要求学生利用教材和学习资料，筛选出概念、法则或方法中的主干和支干，作为构建思维导图的根基或中心，然后用线条及文字将基点与各个节点或节点与节点之间连接，初步构建出思维导图的框架。这样，学生在预习中对整个教学内容有了清晰的了解，同时教师也可从学生上交的思维导图中发现学生的问题和难点所在，及时调整课堂教学策略和重点，提高课堂的效率和深度。

第二步，展示导图，交流完善。学生将预习中设计的导图在小组内进行相互展示和释疑，并绘制出代表本组共同意愿的思维导图，由组长（或其他组员）在班内向全体师生进行汇报讲解，同时提出本组不能解决的问题或者还存在的疑惑，同老师或其他组学生进行交流和研讨。

第三步，教师点评，完善导图。教师针对各小组的问题和导图中每个节点的内容和思考，进行逐一梳理、组织和分析，拓展相关知识要点，由点到面，组织整个内容体系，使复杂抽象的内容能够层次清晰地表达出来，使学生可以准确把握学习内容的要点和核心，进一步增强知识点之间的逻辑性，同时完善导图的设计。

第四步，应用导图，创新思考。学生根据自己对思维导图的理解和掌握，应用到以往有难度的问题或开放性问题的解决中，体验导图在启发思考和创新思考中的价值，同时充分让学生表达自己的观点和看法，培养学生的审辩式思维和创新性思维的能力。

（五）反思式教学模式

反思，即回头、反过来思考，是一种自觉的思维活动，针对的是个体自身的思考过程。

反思式教学就是在课堂上将教师的"教"和学生的"学"与反思自省活动相结合进行的教与学的过程，它需要教学者和学习者的共同参与，教学者在教学过程中引导学习者对自身学习活动的过程以及活动过程中所涉及的有关事务、材料、信息、思维、结果等学习特征进行反向思考，学习者通过反思的过程，更好地领悟方法和活动经验，从而有利

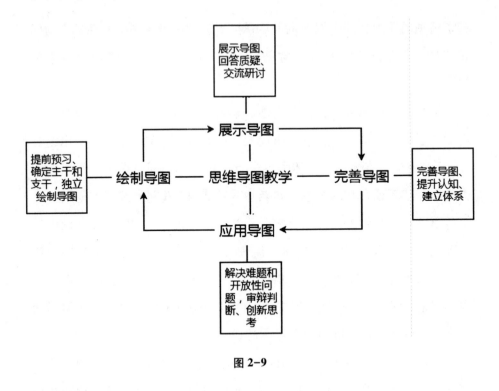

图 2-9

于未来的发展。

反思式教学模式强调创设反思情境和强化反思意识相结合、多角度引导和增强学生反思技能相结合、严格合理的规范与培养反思学习的习惯相结合。在反思式课堂教学中，教师要创设一个轻松愉快、信任合作的氛围，从学生的实际出发，探索学生学习中的问题所在，及时改正错误，优化知识结构，强化反思意识。教师要经常采取多种办法有意识地引导学生发现自己学习中存在的问题，多层次、多角度地解决问题，从而培养学生分析、评价、实践和交往的技能。同时，反思也是学习过程中强化自我意识，进行自我监控、自我调节的重要形式，所以教师应通过严格合理的规范要求学生，使其养成良好的反思习惯，在以后的学习实践中能够自觉地进行学习反思，强化旧知识、理解新知识。

反思自省式教学一般实施以下环节（见图 2-10）：

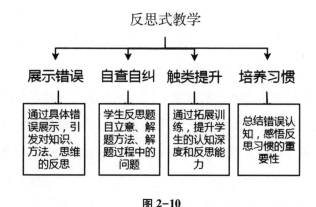

图 2-10

第一，展示错误。通过学生在作业或考试中出现的具体错误，引发学生对知识、方法或思考过程的自省与反思。

第二，自查自纠。学生意识到问题的存在，自己在题目立意或解题过程或解题方法等方面查找原因，并完成正确的解题过程。

第三，触类提升。针对学生出错的题目，进行拓展练习，再次引导学生从题目本身的结构以及解题过程进行认真反思，深入探究，举一反三，触类旁通，不仅提升了学生的解题能力，还能加强反思意识的培养。

第四，培养习惯。师生共同总结在解题经验、方法提炼、优化探索方面的一些错误认识和错误思维，认识到及时反思、不断反思是提升自我、少走弯路的良好习惯。

（六）探究式阅读教学模式

阅读是学生学习的途径和基础。在数学学习中会接触到各种各样的数学语言，包括文字语言、符号语言、图形语言等，对它们的理解、转换和挖掘，是解决数学问题的开始，也是数学世界链接现实世界的窗口。

但是在教学中不难发现，很多学生的数学阅读能力是其数学素养的薄弱部分，整体表现为对数学材料的阅读领悟不深刻、不准确，尤其表现为对数学题目的审题和分析头绪不清，挖掘不透，造成只能依赖教师的讲解，丧失了自我探索的能力和兴趣，制约了数学素养的深度发展。

探究式阅读教学，就是学生在阅读的基础上自主探究出各种数学语言之间的关系，解决阅读中的疑问，提炼数学问题的过程。探究式阅读教学不仅培养了学生的语言识别能力、理解能力、分析能力、问题解决能力，更使学生在阅读中感悟到文化和思想的巨大魅力，养成阅读的兴趣和习惯。

因此在探究式阅读教学中，一般是通过自主阅读认识新知识，借助讨论解决新疑惑，通过探索实验获得新技能。基于此，探究式阅读教学模式有以下四个环节（见图2-11）：

①课前阅读、初步感知。教师在课前下发本节相关的阅读材料，分别是背景材料、课堂教学材料和课后研读材料，并让学生完成阅读笔记和阅读质疑。这个环节要注意培养学生的笔记习惯和提出问题的能力。

②汇集问题、讨论辨析。课堂上学生展示阅读笔记并提出阅读中产生的质疑，以及自己对质疑的思考与探索。教师将问题汇集成"问题串"开展小组交流讨论，互相解疑排难。这个环节应注意培养学生的思辨能力、逻辑推理能力和表达能力。

③合作交流、深入理解。由于学生认知水平有限，对知识的理解具有局限性，因此学生的答疑和解惑会有不准确、不完善的地方，教师应以指导者、参与者的身份对学生的不足做出必要的补充和调整，以及教学理解的剖析和数学本质的挖掘，使学生获得准确、完整和深刻的认识。这个环

节要体现合作交流意识，凸显生生交流、师生合作的教学特点，强调思维训练和挖掘数学本质的教学原则，在思维碰撞中圆满地完成答疑解惑。

④当堂检测、教师指导。教师通过题组训练检验学生学习效果，学生依据阅读探究情况进行自我评价，教师要对课后研读资料进行阅读指导，达到提升和巩固阅读方法和阅读习惯的效果。

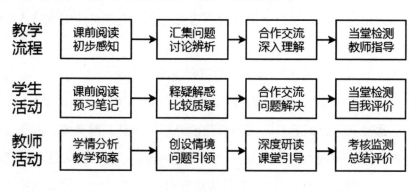

图 2-11

三、贯通课内外：创建审辩的思维生态园

审辩式思维是一种科学的抽象方式，也是一种长期的思考习惯。所谓习惯，就是面对任何命题，都会惯性地思考它的真假性，不是一味拒绝也不完全盲从，而是根据已有信息做出符合自我认知的真假判断，这种判断是阐释、分析、评估、推导以及解释等综合思考过程的结果，也是逻辑性及变异性的创新过程，是形成创新思维的基础。

审辩式思维的培养是思维方式的培养，要通过教育让学生来习得，更需要一种外在环境的潜移默化，因此只在教学方法上进行改革，或只在教学过程中引入审辩式思维的教学元素，结果并不乐观。因此我们要全方位地推进审辩式思维教学形态的构建，形成一个培养学生审辩式思维的教育生态环境和全新的教学培养模式。

（一）全学科建设审辩思维生态园

审辩式思维是一种思考方式，因此各个学科都可以选取教材中某些可以审辩解读的内容进行开放性问题探究，形成全学科建构审辩式思维的氛围和情境。

如，开展以"阅读"为主题的研究性学习活动。

在语文教学中，学生学习《孔乙己》这篇小说时，小说里的"我"最后一次见孔乙己时，孔乙己的双腿已经断了而且又黑又瘦，但孔乙己最终的命运如何呢？文章没有交代，只有一句话"孔乙己大约的确已经死了"。这时我们可以设计一个开放性题目以促进学生审辩式思考：结合自己对当时社会环境的理解，写出孔乙己的结局并说出缘由。

在历史教学中，在复习工人运动的发展时，教师也可以做如下处理，先给学生提供关于"工业革命时期工人捣毁机器""英国宪章运动群众集会""巴黎人民保卫蒙马特尔高地的大炮"的几幅图片，然后提出开放性问题：这三幅图能否反映"无产阶级是资产阶级的掘墓人"这个观点，请说明理由。

在数学教学"分式基本性质"时，可以先复习分数的基本性质，然后提出开放性问题：你觉得分式的基本性质和分数的基本性质形同吗？为什么？

以上几个例子都说明了，全学科建设审辩式思维生态环境的关键是选取合适的素材，设计开放性问题，激活学生的个体思维，使其产生个体构想，为后续的循证活动打下基础。

（二）综合实践活动建设审辩式思维生态园

综合实践活动是教育部规定的学生必修课程。开展实践活动旨在让学生走进社会实际，通过亲身体验的学习，积累和丰富综合运用知识的能力，以及处理问题的直接经验和意识。综合实践活动是"从课本延伸到课外、从课堂延伸到校外、从学校延伸到社会"的一种学习，这种广阔而且真实的情境学习，会让学生对审辩式思维思考的意义体会更加深刻。

利用综合实践活动建设审辩式思维生态园，可以从以下方面切入：

①设计研究性问题。实践证明，在综合实践活动中，向学生提出一些他们无法立即回答但又比较贴近现实的问题时，学生往往能够很好地进行深度思考。比如，路线规划、活动设计等活动，都需要学生将不同的观点和事实联系起来，提出自己的解决方案，同时在别人的新观点、新方案中进行审辩式思考。

②构建基于问题解决的教学情境。在学生开始用审辩式思维解决问题时，教师可以构建某种情境，在情境内指导学生按照思维的步骤来获得解决问题的经验。思维的步骤包括：发现无法立即解决的问题或困难—收集和问题有关的事实—提出可能解决的假设—检验假设的合理性—根据假设解决问题。整个步骤也是对审辩式思维能力的训练。

③鼓励学生运用不同的方法解决问题。学生积极探索解决问题的不同方法，能够提高自身的发散思维能力，但对大多数学生而言，对问题提出两种以上的解决方法比较难，因此在这个阶段展示各种需要考虑的事实和条件以及展示多种解决问题的方式，有助于拓宽学生审辩式思维的思考宽度和维度。

④在综合实践活动的不同阶段，通过多种形式发展学生的审辩式思

维。例如，在活动准备阶段，可以通过活动主题或方案创设质疑的氛围，在活动实施阶段遇到问题时，可以组织学生分析和辩论，在活动总结阶段，可以引导学生进行反思：在活动中我们遇到了哪些问题？大家是怎么解决的？哪些方法值得我们继续运用？得到哪些教训？以后该如何避免？……通过一系列自我追问、反思，有效地培养学生审辩式思维能力。

（三）"互联网+"创设审辩式思维生态园

借助"互联网+"搭建以培养学生审辩式思维为目标的教育生态园是当今教育的趋势。

1. 线上——激活质疑和创新

"学起于思，思源于疑"。线上学习为学生自主起疑、自我质疑创设了独立的空间和时间。因为线上居家学习，所以学生只能独自面对数学中的新定义和新结论，当新知与旧识不能做到同化或顺应时，不解和质疑应运而生；因为线上自主学习，所以学生有更多时间、更多资源进行信息处理和深度反思，质疑也在反复咀嚼和不断辨析中解构、剥离，最终创建出可以接受的新命题；因为线上互助共享，所以学生会将新命题或质疑与同伴分享，这种平等的、合作的知识建设过程，不仅让学生体会到质疑和创新的愉悦，还让质疑的焦点逐步聚焦在命题的本质上。

但是对本校初中 364 名学生进行调研，发现学生线上学习在自学、发现、分享、协商、修改等阶段呈现出辨识、理解、分析、评价、创新等五个思维品质，如表 2-2 所示。其中，协商和修改阶段最活跃，学生会通过不断互动、不断提出问题寻找矛盾和质疑的解构点，使得协商和修改周期性地迭代发展，促使审辩式思维不断向更高层次创新转化。

表 2-2　审辩式思维层级列表

层级	描述	具体表现
辨识	识别或辨认命题中存在的争议或问题	辨识、确认需要进一步探究或阐明问题或困惑
理解	清晰相关的论据、知识、方法或观点	找出问题涉及的信息、知识结论的来源；明确与争论、问题相关的论据和观点，明确争论和困境的本质，以交换信息为目的提出问题
分析	能组织已有信息鉴别未知信息或剖析问题找到逻辑组成	将证据、信息、知识进行分类，找出争论、困境、观点之间的异同，识别和填补知识与信息空白，并且有自己的判断
评价	审辩式评价信息、观点或知识	判定知识、信息、资源的有效性、重要性、实用性和相关性，审辩性地评价观点和观点的前提，给出自己的意见并评价别人的意见
创新	产生新的知识、观点或策略，并采取行动	构建、创造、发明和设计新的知识或观点，产生替代假设和观点，实践方案并修改方案

　　同时，调研数据也显示，没有教师或专业导师的引领和指导，学生的质疑和创新更多围绕在自己感兴趣的，甚至是偏离主题、脱离学科认知的问题上，使得数学知识的建构多停留在表层，很多具有学科深度的"巧"质疑就像放进瓶子扔到海里一样，没有引发更深入的思考。

　　由此可见，线上教学虽然极大地激活了学生的自主质疑和创新意识，但知识建构缺乏逻辑和深度，浅层且低效。

2. 线下——精准解构和重建

线下教学是以教师为主导的教学活动。在教学中，教师一般会在课上精心挖掘教材中"认知冲突"或"思维困惑"的关键点，将其预设到教学的"情境引入"或"问题探究"的环节中，让学生很自然地发现冲突和矛盾，从而顺利地引向教学主题，高效建构出学习的知识体系。

殊不知，这种人造的、指向性强的情境创设虽然可以很快引出质疑，高效且精准地建构出新知体系，但是这种单薄的情感体验、单一的质疑路径不但很难激发学生多样的、深刻的、个性的思考，而且质疑和审辩的热情也会慢慢消退。

对本校初中十二个班的线下传统课堂进行调研，也发现教师在"激疑"、质疑、分享、建构、应用等课堂环节中，"激疑"、质疑用时最少，建构和应用投入最多，特别是教师对焦点质疑的精准分析、精彩解构都会牢牢地吸引着学生，主导着质疑的节奏、方向和内容，但是期间学生虽收获满满，但很少生成个性化的思考。

由此可见，线下教学中虽然释疑、重建精准有力，但缺少原创质疑的动力和活力。

3. 线上线下融合——质疑驱动式教学

质疑驱动式教学是以质疑为内容，释疑为主线，通过创设质疑情境、质疑研讨、质疑重建来帮助学生建立一种自主学习、主动探索的全新学习模式。

线上学习为质疑创设了独立的空间和时间，质疑被最大限度地激活，筛选部分质疑资源放到线下课堂，在教师的指导下进行分享、研讨和重构，这是质疑驱动教学在线上线下融合的混合式课堂教学的探索，也是课堂走向未来、走向思维、走向个性的必由之路。

线上激活质疑，线下重构质疑，线上线下结合，最大限度地发挥质疑的领跑功能，成为审辩式思维培养的载体，质疑不再像平静的水面，也不像放进瓶子扔到了大海，而真正成为教学本身，成为推动审辩发展的力量，就像北京语言大学、教育测量研究权威谢小庆教授所感叹的那样："现代科技让质疑成为必然，审辩有了土，创新有了根。"

第五节　建构方法

方法是人们在认识和实践活动中获得一定成果的方式，是为了解决理论课题和实际问题而采取的手段和操作的总和。数学审辩式思维在实施中形成了一定的教学策略，而数学审辩式思维教学实施的具体方法将使这些策略成为具体的教学行为，从而让数学审辩式思维在教学中真正落地生根。

一、自我质疑的方法

质疑，古已有之，"疑是思之始，学之端"。质疑，是指个体能够对已有的观点或结论不盲目接受或否定，而是大胆合理地提出怀疑的行为。

质疑是审辩式思维教学的前提和基础，没有质疑与怀疑，教学就会变成灌输式教学，不会有探究、辩论、研讨、完善等教学行为，使审辩式思维的建构也会变成无源之水、无本之木。

在数学中，激发质疑的方法一般有四种。

（一）概念质疑

数学中的概念较为抽象，对于学习中较难理解和掌握的概念可以采用可视化的材料或动场，特别是对于学生认知准备不充分的数学概念，可视化的材料或动场可以为学生提供丰富的表象素材，在观察、类比和想象的过程中引发直觉思维，或者引导学生发现恰当的现实素材，为质疑活动提供认知的"停靠点"。

例如，对于八年级下册的《黄金分割》，由于学生的认知结构中缺乏与之相联系的相关知识，没有新知识的固着点，也就是缺乏足够的"数学现实"，因而可以提供有代表性的典型事例，如图 2-12 所示，对比图中同类图片，你觉得哪张图片的构图最美？

图 2-12

对概念理解不透彻，也容易产生质疑，很难做到概念的同化和顺应，更不能进行准确地判断和理解的迁移。例如，在学习了一元一次方

程的概念后，学生会对"$x+\dfrac{1}{y}=1$"为一元一次方程产生怀疑；在学习

了二元一次方程组的概念后，会对$\begin{cases} x=1 \\ y=1 \end{cases}$产生怀疑。

在概念学习过程中，提前预习是自我产生怀疑的较好路径，因为现在教材的内容不仅浅显易懂、生动有趣，还在知识混沌处都有留白的设计，给学生质疑提供了充足的空间。例如，学生在预习了函数概念后，结合经验和实例，他会不由自主地产生如下质疑：函数中两个变量的关系必须有规律吗？变量的取值必须不同吗？变化过程反映在变量上，是指哪个变量必须在变化？函数中自变量的取值受限吗？学习函数到底有什么用？……这些质疑都是函数概念理解的关键点，也是函数概念的抽象之处，将其借助质疑展开分解，可以有效地助力概念的深层理解。

（二）因果质疑

数学是一门逻辑性较强的学科，注重多学生逻辑能力的考察。一旦在解题过程中出现思路混乱或机械模仿，那因果质疑就会应运而生。在教学过程中，教师可以通过因果质疑或教给学生因果质疑的方法，查找每个问题出现的前因后果，理清解题思路，推进解题前行。

例 1 设 $\dfrac{1}{a}+\dfrac{1}{b}=\dfrac{1}{c}$，求证 $a^2+b^2+c^2=(a+b-c)^2$。

分析：要证明 $a^2+b^2+c^2=(a+b-c)^2$ 成立，只需证 $a^2+b^2+c^2=a^2+b^2+c^2+2ab-2ac-2bc$ 成立，即只需证 $c(a+b)=ab$ 成立，只需证 $\dfrac{a+b}{ab}=\dfrac{1}{c}$，即只需证 $\dfrac{1}{a}+\dfrac{1}{b}=\dfrac{1}{c}$

$\because$ 已知 $\dfrac{1}{a}+\dfrac{1}{b}=\dfrac{1}{c}$，

$$\therefore \quad a^2 + b^2 + c^2 = (a + b - c)^2$$

例2 设有关于 x 的二次函数 $y = x^2 - 2ax + (b+c)^2$，其中 a，b，c 分别是 $\triangle ABC$ 三边的长，证明这个函数的图像与 x 轴不相交。

证明： 欲证抛物线 $y = x^2 - 2ax + (b+c)^2$ 与 x 轴不相交，只需证明其判别式小于 0，即只需证 $4a^2 - 4(b+c)^2 < 0$，

只需证明 $(a + b + c)(a - b - c) < 0$，

由于 $a + b + c > 0$，因而只需证明 $a - b - c < 0$，

即只需证明 $b + c > a$，而这是显然成立的。

例3 如图 2-13 所示，在等腰 $\triangle ABC$ 中，P 是底边 BC 上任一点，$PD \perp AB$ 于 D 点，$PE \perp AC$ 于 E 点，$CF \perp AB$ 于 F 点。求证：$PD + PE = CF$。

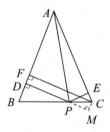

图 2-13

分析： 欲证 $PD + PE = CF$，注意到在等腰 $\triangle ABC$ 中 $AB = AC$，故只需证明

$$\frac{1}{2}AB \cdot PD + \frac{1}{2}AC \cdot PE = \frac{1}{2}AB \cdot CF,$$

即只需证明 $S_{\triangle APB} + S_{\triangle APC} = S_{\triangle ABC}$，而这是显然成立的真命题。

$$\therefore \quad PD + PE = CF$$

（三）类比质疑

类比是产生怀疑最直观的方法。类比法是根据两个或两类对象某些属性的相同或相似，而推出它们的某种其他属性也相同或相似的思维形式，也称为类比推理。类比法是以比较为基础的，在对两个或两类对象的属性进行比较时，若发现它们有较多的相同点或相似点，则可以把其中一个或一类对象的另外一种属性推移到另一个或另一类对象中去。

例如，地球是太阳系的行星，地球上有空气，水和生物；火星也是太阳系的行星，火星上也有空气和水，于是人们推测火星上可能也有生物，这里的思维方法就是类比法。

但是类比推理的客观基础在于相似事物之间的同一性和稳定性，但任何两个相似事物之间不仅有同一性的一面，还必然存在差异性的一面。因而从两个或两类对象之间的某些属性相同或相似，并不能必然地得出它们在其他方面也相同或相似的结论，这就会产生质疑，为什么会有这种差异？

如，将三角形的概念与四边形的概念进行对比——"由不在同一直线上的四条线段首尾顺次相接所组成的图形就叫三角形"和"在同一平面内，由不在同一直线上的四条线段首尾顺次相接所组成的图形就叫四边形"进行对比，很容易发现"不在同一平面内"是两个概念的不同点，为什么会有这个不同呢？从而引出平面图形与立体图形的条件组成。

例4 全国民航运输线路长度1994—1999年的变化情况如下表2-3所示：

表 2-3　全国民航运输线路长度 1994—1999 年的变化情况

年份	1994	1995	1996	1997	1998	1999
长度/万千米	104.56	112.90	116.65	142.50	150.58	152.22

　　小敏、小文和小亮根据上述数据，分别绘制了折线统计图，如图 2-14 所示，由此学生很容易产生质疑，为什么三个图给人的感觉各不相同？它们所表示的数据相同吗？

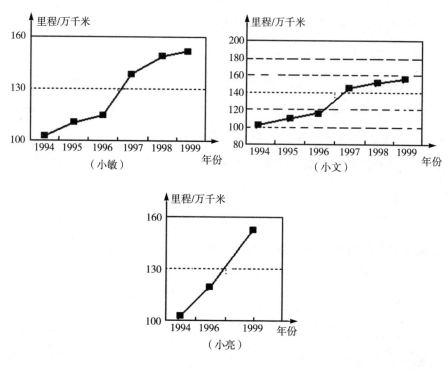

图 2-14

（四）一题多解质疑

　　解决问题的方法常常多元多维，当教师或学生展示一种解法时，学生会下意识地思考：是否还有其他的方法？还有没有更好的方法？展示的解法和我想的为什么不一样？我的想法错了吗？……这样的质疑会引起多元思维的碰撞，有助于拓宽学生的视野。

例如《多边形内角和》第一课时，图中广场中心的边缘是一个五边形，求出它的内角和。通常的做法有三种，但是继续质疑方法的可能性，就又会出现后三种。两种的区别是在分割五边形时，是都分割成三角形，还是分割成三角形和其他图形。

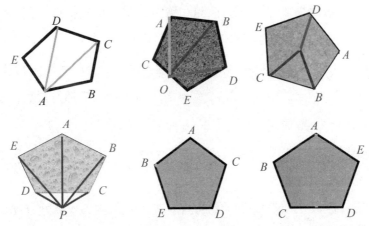

通过这种一题多解的质疑训练，有效地培养了学生多角度的思维习惯和能力。同时学生在针对别人做法提出问题的过程中，发表自己最真实的想法，不管最后的结果如何，都使单一的思考变得多元，质疑的维度得到扩展。

二、循证分析的方法

循证分析（evidence-based analysis）本意是"基于证据的实践"，它要求我们持怀疑的态度，质疑已有的知识和观点，确定问题并通过实践论证其正确与否，这是一种科学的态度，也是一种用证据验证猜想的行为。

循证分析的前提是基于对已有信息的论断或假设，其次是对假设进行自我验证。

（一）假设生成

"假设生成"是在我们质疑某些问题时，根据已有信息无法做出解答而生成的一种方法。"假设生成"类似于数学中的不完全归纳法，即根据已有的信息做出进一步的推测和猜想，属于似真推理，其归纳猜想的正误需要进一步做出判断。

例如，法国数学家费尔马注意到 $F_0 = 2^{2^0} + 1 = 3$，$F_1 = 2^{2^1} + 1 = 5$，$F_2 = 2^{2^2} + 1 = 17$，$F_3 = 2^{2^3} + 1 = 257$，$F_4 = 2^{2^4} + 1 = 65537$ 都是素数，于是在 1664 年提出归纳猜想：$F_n = 2^{2^n} + 1$ 为素数。半个世纪后，欧拉（Leonhard Euler）发现 $F_5 = 4292967297 = 641 \times 6700417$ 并不是素数，于是费尔马的猜想被否定。

虽然，假设生成是依据少量经验事实而做出的关于普遍规律的猜想或假设，可能存在谬误，但是它蕴含着丰富的个人想象、审辩判断和直觉判断。这些不仅推动着审辩思维教学的发展，同时也是激发新思考得出新结论的重要方法之一。

教师在建立假设的过程中应允许学生大胆猜想，并且不断地引导学生的直觉思维和创新思维，形成自己对事物的独特见解。因此，在教学过程中，教师要善于有意识地对学生进行假设推理分析训练，以培养学生的思维能力。

科学探究要遵循"提出问题、做出假设、制订计划、实施计划、得出结论、表达交流"的过程。

例如在讲《二次函数的图像与性质》，需要画 $y = x^2$ 的图像时，教师设置了如下问题：观察 $y=x^2$ 的表达式，选择适当的 x 值，并计算相应的 y 值，完成表 2-4，然后猜想一下这个二次函数图像的形状，并验证自己的猜想。

表 2-4　$y=x^2$ 不同 x 对应的 y 值

x	…	-3	-2	-1	0	1	2	3	…
$y=x^2$	…	9	4	1	0	1	4	9	…

在这里，教师不是先让学生逐步画出图像，而是让学生先猜想图像的形状。即通过直觉思维和个性思考形成合理地假设，然后再进行验证，这样有利于培养学生解构与建构的能力。

假设是一种科学的研究方法，是具有引领性的研究要素，许多伟大的科学发现都是从假设开始的。假设的产生来源于思维的解剖，而假设也能够引领思维逐步深入，在不同的学科中，对于假设的关注与付诸实践是我们的成果之一。

（二）自我验证

验证是"问题—假设—验证—结论"这一过程中不可或缺的环节。验证就是学生通过亲自动手做实验，对实验的结果进行观察和比较，以此来检查自己的假设是否正确的过程。验证是学生获得真知、解决问题的关键。验证更是学生运用所学的知识技能，亲自去寻找答案的过程，它是培养学生各种能力的有效手段。

所以，在验证的过程中，教师要想方设法，注意培养学生的观察能力、动手能力和比较能力，还要注意培养学生的科学精神与素养。对有些学生不能独立解决的问题，教师要及时给予点拨，激活学生思路的中断点，引导学生克服思维定式，寻找解决问题的方法。

1. 引导学生树立验证的意识

要培养学生的验证技能，首先教师要转变观念，创设验证的教学氛围。在课堂中打消怕挤占课堂教学时间、怕打乱教学计划的顾虑，让他们有进行验证的时间和空间。在课堂教学中，对于学生回答错误的问题，不要轻易地下结论，而是要让学生说出这么做的原因，启发学生自己纠正，或是由其他的同学来纠正，这无形中就是在培养学生做完题后或解决思维难题后及时验证、检查正误的习惯。

在学习八年级上学期数学《鸡兔同笼》时，一位同学板演解方程组得出鸡共有 $21\frac{3}{5}$ 只，兔有 $13\frac{2}{5}$ 只，教师及时地提问："同学们认为他的解答正确吗？"这时大部分学生就开始把列出的二元一次方程组又解了一遍，发现了解的错误。面对这种情况，教师给予了启发："同学们能不能不用解方程组来验证解的正确性呢？"于是学生转换了思维，很快就发现了"鸡、兔的只数不能为分数"，对解的合理性有了较深地认识。教师再次引导学生拓展思维，培养学生的验证技能："同学们还能不能用其他方法验证呢？"学生很快又找出了其他多种方法：代入结果验证法，通过"头"验证"腿"的方法……

2. 鼓励学生多种途径验证

由于学生的生活背景和思考角度不同，所使用的方法必然是多样的，教师应尊重学生的想法，鼓励学生对同样的学习内容有不同的学习理解方式和验证方式。有的学生喜欢演算验证，有的学生喜欢目算验证，有的学生喜欢冥想验证，如果让学生在这其中进行合作并且交流验证方法，既能兼顾个人的验证习惯，又能让他们感受到与人共处、共享成功的喜悦,分担其中的失败,进而使他们养成良好的心理素质,实现让每个学生都能得到不同发展的目标,则正是一举两得。

在学习《勾股定理》一章时,教师可以对勾股定理的历史进行介绍:1940年一本名为《毕达哥拉斯命题》的勾股定理的证明专辑出版,其中收集了367种不同的证明方法。实际上还不止于此,有资料表明,关于勾股定理的证明方法已有500余种。同时可以介绍我国清末数学家华蘅芳的证法以及伽菲尔德证明勾股定理的故事来激发学生验证的兴趣。然后,鼓励学生去验证,可以是个人验证,也可以是小组合作验证,相信学生一定会给出令人惊叹的验证方法。

教师应努力使验证贯穿于整个学习过程中,特别是在学习过程中努力使验证成为学生学习的一种技能、方法,让学生乐于验证、善于验证,为他们的学习插上飞翔的翅膀。

三、辩论研讨的方法

辩论作为自古就存在的重要的学习方式,其不是为了争辩而辩论,而是为了更好地明"理","理"就是逻辑,逻辑是指思维的规律,它往往没有统一的标准,因此研讨就是将各自的标准进行协商和融合。

辩论研讨是审辩式思维教学中的重要组成部分,当学生产生自己的质疑和个性思考后,辩论研讨就成为融合和重建命题的动场。

辩论研讨是通过辩论进行主题探讨的教学活动,它与常见的课堂讨论不同:讨论往往是较为松散的思考活动,而辩论则是有组织的、在规则引导下的研究型活动;讨论可以是头脑风暴式的,允许参与者碎片化地表达并试图将所有讨论的碎片进行整合;而辩论则要求参与者在已有的系统化研究基础上进行结构性表达,并实现对问题或事物更全面深入地认知；讨论往往是你一言我一语的发散式行为；而辩论却要求每位辩手都严格围绕问题进行论述，每次引申都需要回归题目，是典型的聚焦式行为；讨论一般没有明确的要求，因为无法对参与讨论者的逻辑思维能力设置门槛；而辩论却有着严谨缜密的逻辑要求，对于逻辑思维能力较差的学生则需要更多的时间进行研究准备，对所有参与者来说是有挑战性的思维锻炼。

因此，辩论研讨在教学中能够突破单一的定势思维，在互动与激辩过程中，单位时间内信息量以最多视角进行最大化地碰撞，使思维在师生共同建构中得到极大地丰富，真正让审辩思考多种多样、多姿多彩。鉴于此，教师在辩论研讨环节进行教学时，必须掌握以下要点：

（一）选题

好的主题是辩论研讨的基石。一般来说，可以采用教师给出的题目或题库，以及让学生自选自拟题目两种方式。在给定选题的方式下学生会经历两个阶段的初期探索，即"研究辩题—接受挑战、拓展认知"；而让学生自选自拟题目则会经历三个阶段的初期探索，即"寻找主题与确定辩题—研究辩题—接受挑战、拓展认知"。选题的过程本身就是一个前期研究的过程，学生需要初步进行信息检索和知识整合来判断自己和团队能否在某个选题中进行深入研究。

在具体选题时，通常设计一个具有争议性的题目。引导学生把相关知识融入课堂教学中，增强题目的研讨性和互动性，也增强了学生参与度。

在研讨时，可以针对同一个问题的两个主流研究视角进行研讨，旨在让学生通过不同视角地深入更全面理解多元视角下的问题，如，对于一个问题两种解决方案的争论，或一个话题引发两个问题的争论，即由一个主题带来两个完全不同的问题，从而让学生更深入地理解千差万别的问题的成因，理解多样性的世界为何形成及形成的后果等。

例如，教室的黑板（见图 2-15）长 2.8 米、宽 1.4 米，外面镶了宽 20 厘米的木框，则木框内侧、外侧分别组成的两个四边形形状是否相似？

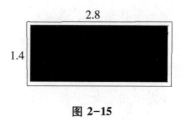

图 2-15

有些同学认为形状相似，有些同学认为形状不同，由此选出正反两个辩题，请同学们进行深度辩论。

（二）分析

确保辩论式研讨教学质量的另一重要步骤是分析到位、有理有据。为此，有一些基础的分析模式可以引领学生对辩题进行深入思考，并通过教师带领学生做分析训练，给高水平的辩论研讨打下基础。

分析训练中的最简分析框架是让学生通过挖掘材料迅速地理解辩题，为下一步的完整辨析提供支撑，避免各类研究损耗，让学生更有效地发挥自己的探索力和创造力。教师可以根据自己的学科或课程需要来建构分析框架，用于规范性训练。

数学的分析框架为：

第一步：课前准备——提前一周将论证课题布置给小组长，由小组长带领组员进行论证板块的分工、研究和汇总。

第二步：课堂展示——由某一小组代表按图尔敏模型的构成原理，依次进行"主张—审辩（质疑及解释）—新主张"的展示。

第三步：审辩互证——听众对论题中的"理由""保证""论据""支持"中的内容提出问题，然后由展示小组进行解释或反驳，这种"质疑+反驳"的链条可以循环多次，直至质疑解除。

第四步：论述新主张——在多次"质疑+反驳"的基础上，由展示小组对结论进行更客观、更科学、更严谨地描述。

如，某班进行科技知识竞赛选拔，两名竞选者的成绩如下表2-5所示，如果选一名学生代表班级参加比赛，你会选择哪位同学？

表2-5　科技知识竞赛中两名竞选者的成绩

分数/分		50	60	70	80	90	100
次数/次	甲	2	13	8	10	11	6
	乙	4	5	16	2	12	12

对于这个问题，学生很容易形成两种选项，从而形成正反方，然后进行课堂辩论，互证研讨。由于本题没有标准答案，如从众数来看，甲为60分，乙为70分，乙的成绩较好，选乙；从中位数来看，甲的中位数是80分，乙的中位数是75分，甲的成绩较好，选甲；从平均数来看，甲的平均分为76.6分，乙的平均分为80分，乙的成绩较好，选乙；从方差来看，$s^2_甲 < s^2_乙$，所以甲的成绩比乙的成绩要均衡，甲较稳定，选甲；从高分人数来看，甲高于90分的次数为11+6＝17（次），乙高于90分的次数为12+12＝24（次），所以乙获奖次数比甲获奖次数多，同时乙获得满分的次数比甲多6次，所以选乙。

在反复进行该框架的分析训练中，学生能够养成对问题进行充分科学论证的思维习惯，也能培育学生透过现象看本质的分析能力。学生通常具备在思维广度上自由联想的能力，但是由于知识结构和思维习惯等要素，他们很难向深度迈进。通过上述方式建立简单的分析框架、进行模式化练习，能有效地帮助学生突破初接触研究时最难跨越的深度解析这一瓶颈。

四、应用拓展的方法

在教学过程中，教师要注意应用拓展策略。应用拓展策略要把握原则、紧密联系、发散思维、类比归纳、开阔视野、深化理解、学以致用、注重实效、"拓"而有度，着眼于学生获得实质性的发展，使学生的思维向纵深发展，切实提高学生的思维能力。在教学过程中，可实现由课内向课外拓展、新旧知识间的拓展、学科间的拓展、向生活拓展的教学目标。

（一）课内拓展

可以把重点的例题通过改变条件、结论、图形或考查方式，进行变式训练，培养学生的求异思维，使学生能够举一反三，把握知识的本质内涵。

例1 已知，如图 2-16，$AB/\!/CD$，你能说出 $\angle B$、$\angle D$、$\angle E$ 三个角的关系吗？

分析： 在平行线与相交线一章，我们学习了"三线八角"，学会了利用同位角、内错角、同旁内角解决问题。在本题中，我们不能找到平行线中的这三种角，那么我们能不能通过添加一条辅助线帮助我们找到这些角呢？

解法：如图 2-17，作 $EF\,/\!/\,AB$，因为 $EF\,/\!/\,AB$，所以 $\angle B=\angle BEF$，因为 $EF\,/\!/\,AB$，$AB\,/\!/\,CD$，所以 $EF\,/\!/\,CD$，所以 $\angle D=\angle DEF$，所以 $\angle B+\angle D=\angle BEF+\angle DEF=\angle BED$

变式（1），图形变化，在动态中寻找不变性。改变点 E 的位置，我们还能得到哪些图形？上面的结论还成立吗？分别说出如图 2-18 所示的八个图形中 $\angle B$、$\angle D$、$\angle E$ 三个角的关系，并总结出解决这类题的方法。

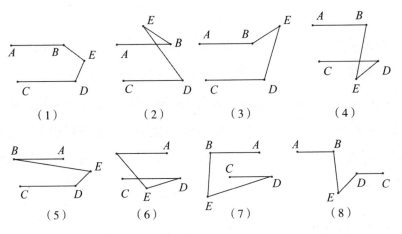

图 2-18

答案：（1）$\angle B+\angle D+\angle E=360°$；

（2）$\angle B+\angle E=\angle D$；

（3）$\angle D+\angle E=\angle B$；

（4）$\angle D+\angle E=\angle B$；

（5）$\angle D+\angle E-\angle B=180°$；

（6）$\angle D+\angle E+\angle B=180°$；

（7）$\angle D+\angle E+\angle B=180°$；

（8）$\angle B+\angle D-\angle E=180°$。

题后反思：通过对以上问题的探究，我们可以总结出初中阶段的第一条辅助线的添加法：见折点，作平行线。

变式（2）图形叠加，在复杂中寻找简单，培养学生的观察能力、发现能力、创新能力。

已知，如图 2-19 中图（9）所示，$AB /\!/ CD$，你能说出 $\angle B$、$\angle E$、$\angle F$、$\angle G$、$\angle D$ 五个角的关系吗？如图 2-19 中图（10）所示，你能说出 $\angle B$、$\angle E$、$\angle F$、$\angle G$、$\angle H$、$\angle M$、$\angle D$ 七个角的关系吗？你能总结出一般的规律吗？

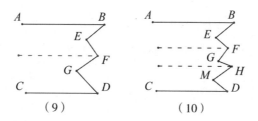

（9）　　　　　　（10）

图 2-19

答案：（9）$\angle B + \angle F + \angle D = \angle E + \angle G$；

（10）$\angle B + \angle F + \angle H + \angle D = \angle E + \angle G + \angle M$。

变式（3）适当交换条件与结论，寻找逆命题，培养学生从多角度、多层次思考问题的习惯以及逆向思维的能力。

如：已知，如图 2-20 中图（11）所示，$\angle B = 30°$、$\angle D = 60°$，$BE \perp DE$，那么 $AB /\!/ CD$ 吗？请说明理由。

答案：平行，理由略。

（二）向生活拓展

学习就是为了更好地生活，因此，要把所学的知识运

（11）

图 2-20

用到生活中去，比如，学生学习了统计知识以后，就可以统计生活中的各种数据，以便服务于生活，如污染问题、交通问题、旅游问题、节水问题等，这不仅扩展了学生的知识面，还有效的培养了学生收集数据、整理数据的能力，并且根据相关数据提出解决问题的方案。

例 2　如图 2-21 所示，要在街道旁修建一个奶站，向居民区 A、B 提供牛奶，奶站应建在什么地方，才能使从 A、B 到它的距离之和最短？

图 2-21

解答：如图 2-22 所示，作 A 点关于街道 l 的轴对称点 A'，连接 $A'B$ 与街道 l 交于点 C。奶站应建在 C 点，才能使从 A、B 到它的距离之和最短。

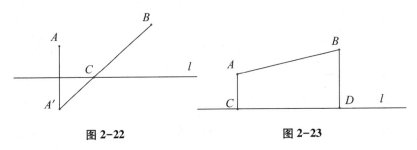

图 2-22　　　　　　　　图 2-23

拓展应用：如图 2-23 所示，A、B 是一条河 l 同侧的两个村庄，且 A、B 两个村庄到河的距离分别是 300 米、500 米，两村庄之间的距离 AB 为 d，已知 $d^2 = 400000$ 平方米，现要在河边 l 上建造一水厂，向 A、B 两村送水，铺设水管的工程费用为每米 200 元，修建该工程至少需要多少元？

错误应用：作 A 点关于街道 l 的对称点 A'，连接 $A'B$ 与街道 l 交于点 O，连接 AO、AA'，作 $AE \perp BD$ 于 E，$A'F \perp BD$ 交 BD 的延长线于点 F

（见图 2-24），根据题意得：

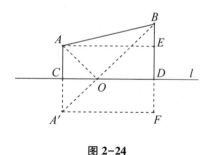

图 2-24

$AE = \sqrt{AB^2 - BE^2} = \sqrt{400000 - 40000} = 600$ 米，所以 $A'F = 600$ 米，

$A'B = \sqrt{A'F^2 + BF^2} = \sqrt{360000 + 640000} = 1000$ 米，所以 $AO + BO = 1000$ 米，所以最少费用为：$1000 \times 200 = 200000$（元）。

错解分析：此题易受以往经验的影响，认为必须作对称点铺设的水管才最短，形成了思维定式，其实课本要求的是 $AC + BC$ 最小，而本题没有这一要求。若我们在点 C 处修建水厂，沿 C-A-B 的路线铺设水管，同样可以向两村送水，而此时的水管长度为：$AC + AB = 300 + \sqrt{400000} \approx 933$（米），费用为：$933 \times 200 = 186600$（元），显然这是最好的方案。

深度研讨：对于上述类型的问题，到底该采用哪种方案呢？

如图 2-24 所示，我们不妨设 $AC = a$，$BC = b$，$AB = d$，$a < b$，此时方案一是

$$AO + BO = A'O + BO = A'B = \sqrt{A'F^2 + BF^2}$$

$$= \sqrt{d^2 - (b - a)^2 + (b + a)^2} = \sqrt{d^2 + 4ab}$$

方案二是 $AC + AB = a + d$，我们只要比较 $a + d$ 和 $\sqrt{d^2 + 4ab}$ 的大小就可以了。

分类研讨：我们把它们先平方再求差得：

$$(\sqrt{d^2+4ab})^2-(a+d)^2=4ab-a^2-2ad=a(4b-a-2d)$$

因为 $a>0$，所以只要考虑 $4b-a-2d$ 即可。

当 $4b-a-2d>0$ 时，即 $\sqrt{d^2+4ab}>a+d$，我们选择沿 C-A-B 的路线铺设水管，此时的水管长度为：$AC+AB=a+d$；

当 $4b-a-2d=0$ 即 $\sqrt{d^2+4ab}=a+d$ 时，两种铺设方案都可以，水管长度为：$a+d$；

当 $4b-a-2d<0$ 即 $\sqrt{d^2+4ab}<a+d$ 时，我们选择作对称点的方法，水管长度为：$\sqrt{d^2+4ab}$。

再次应用：在一平直河岸 l 同侧有 A、B 两个村庄，A、B 到 l 的距离分别是 3 千米和 2 千米，$AB=a$ 千米（$a>1$）。现计划在河岸 l 上建一抽水站 P，用输水管向两个村庄供水。

方案设计：

某班数学兴趣小组设计了两种铺设管道方案：图 2-25 是方案一的示意图，设该方案中管道长度为 d_1，且 $d_1=PB+BA$（其中 $BP\perp l$ 于点 P）；图 2-26 是方案二的示意图，设该方案中管道长度为 d_2，且 $d_2=P_A+P_B$（其中点 A' 与点 A 关于 l 对称，$A'B$ 与 l 交于点 P）。

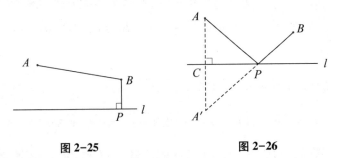

图 2-25   图 2-26

观察计算：

（1）在方案一中，d_1 = _____ 千米（用含 a 的式子表示）；

（2）在方案二中，组长小宇为了计算 d_2 的长，作了如图 2-27 所示的辅助线，请你按小宇同学的思路，计算 d_2 = _____ 千米（用含 a 的式子表示）。

探索归纳：

（1）①当 a = 4 时，比较大小：

d_1 ____ d_2（填 "＞" "＝" 或 "＜"）；

②当 a = 6 时，比较大小：

d_1 ____ d_2（填 "＞" "＝" 或 "＜"）；

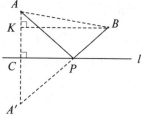

图 2-27

> **方法指导**
>
> 当不易直接比较两个正数 m 与 n 的大小时，可以对它们的平方进行比较：
>
> ∵ $m^2 - n^2 = (m+n)(m-n)$，$m+n > 0$，
>
> ∴ $m^2 - n^2$ 与 $m-n$ 的符号相同。
>
> 当 $m^2 > n^2 > 0$ 时，$m-n > 0$，即 $m > n$；
>
> 当 $m^2 - n^2 = 0$ 时，$m-n = 0$，即 $m = n$；
>
> 当 $m^2 - n^2 < 0$ 时，$m-n < 0$，即 $m < n$。

（2）请你参考上边方框中的方法指导，就 a（当 $a > 1$ 时）的所有取值情况进行分析，若要使铺设的管道长度较短，应选择方案一还是方案二？

（三）学科间的拓展

在学习过程中，要注意培养学生的综合实践能力，注重各学科之间

的拓展，比如数理化学科之间的拓展，文学与艺术之间的拓展，特别是对于一些综合性在学科之间的迁移、渗透等，首先学会打破学科视界，使之形成广泛的交融与共享。

以数学学科为例，《课程标准》在教材编写建议中特别强调"所选择的素材应尽量来源于自然、社会与科学中存在的现象或实际问题"，因此，以其他学科为素材的跨学科试题已成为近几年数学中考命题的热点。常见类型有：与物理、化学、生物、地理、体育、计算机、语文等学科进行综合的问题，或者以这些学科为命题背景、以相关学科的知识为载体。跨学科试题形式多样，多在学科知识点交叉处做试题设计；解答时，需要将相关学科的知识与数学知识加以综合，灵活运用。

1. 与物理相结合的题

与物理知识相关的题型在近几年各地中考试题中经常出现，体现了数学的"工具性"作用。

解决与物理知识相结合的题，要对物理学科的有关知识相当熟悉，否则就很难解决问题，这就告诉我们要想掌握某一学科知识，单纯学好一门学科的知识是不够的，因为学科之间的知识是相互渗透的。

2. 与化学相结合的题

与化学知识相关的题型比较多，主要考查学生运用化学知识解决实际问题的能力。

解决与化学知识相结合的题，要对化学学科中的浓度、溶液、溶质、溶剂的概念充分理解，同时要掌握浓度、溶液、溶质、溶剂之间的关系。

3. 与英语相结合的题

在数学试题中渗透用英语表述的数学题，这有利于提高同学们对英语学习的兴趣；解答这类试题，要抓住题目中的关键单词，结合算式、方程或图形等进行推测和思考，然后利用数学知识求解。

第三章

数学审辩式思维的课堂实践

现代教学论认为，优化课堂教学过程、释放教学理念，既需要一个相对稳定的教学模式，但又不能一成不变，因为在教学实践中，没有一种教学模式能够适用于所有学生、老师、教学内容、及不同学段的教学要求，也没有一种课堂可以实现对学生的全面培养。

数学审辩式思维教学是在数学学习中帮助学生建构起一种科学理性的思考方式和思考习惯，它强调个性、推崇创新，特别是作为思维体操的数学，在教学中常常出现不可控性、突发性、延展性、灵活性等，因此，数学审辩式思维的课堂不能被单一的模式或样态围困。

创设开放自由的教学天地让教师去探索、去实践、去思考审辩思维的建构之路，教师才会给学生建构出不盲从、不执拗、客观认识世界的空间，从而培养出具有理性、个性、创新性的新时代人才。

在数学审辩式思维的课堂教学中，由于学生新知识的学习是从原有认知结构出发，通过同化或顺应构建成新的认知结构，激活学生质疑的教学情景，因此，创设是数学审辩式思维教学中的"根"；当学生根据初步感悟，提出解决问题的各种假定时，不管对错，这一过程都是数学审辩式思维教学中的"枝";当教师根据学生的思维实际,因势利导,帮助学生克服认知上的障碍,和学生共同归纳出解决质疑中的规律、特性时,这个过程可称作数学审辩式思维教学中的"果";最后当教师精选适当的例题用以学生需审辩式思维的巩固和延伸,这个过程就是数学审辩式思维教学中的"种"。

因此,数学审辩式思维的课堂教学会在内容选择、教学方式、教学调控上给予教师更大的自由度,在坚持"科学质疑、启迪创新、因材施教、思维对话"教学原则的基础上,鼓励教师开发出更具有学科特色、教师个性的形态多样、侧重有别的模式样态,这些模式样态组成数学审辩式思维的教学群,彰显了教学智慧、思维自主、教学自主与创新。

数学审辩式思维的教学模式群主要包括:以质疑驱动为中心的教学模式、以辩论研讨为中心的教学模式、以实验活动为中心的教学模式、以思维图示为中心的教学模式,以反思自省为中心的教学模式,以及以阅读探究为中心的教学模式。

其中质疑驱动式教学模式、辩论研讨式教学模式、实验探究式教学模式、思维可视化教学模式是教学中经常使用的教学模式。

第一节 "QDL"——质疑驱动式教学模式

质疑驱动式教学,即"QDL"(question driven learning)教学是以质疑为前提,释疑为主线,通过质疑情境创设、质疑研讨、质疑重建来帮助学生建立一种自主学习、主动探索的全新学习模式。

一、"QDL" 教学模式的理论基础

（一）认知学派的学习理论

认知学派的学习理论关注的是人类学习的内部心理过程，注重人类在学习过程中的内部心理结构、认知结构和图示建构，例如，学生在数学问题的解答过程中，需要对问题情境进行知觉与理解，领悟各个条件之间以及条件与问题之间的关系，从而确定解题思路和解题方法。

1. 完形—顿悟说

苛勒（Wolfgang Kohler）通过对"黑猩猩学习实验"的分析，得出"完形—顿悟说"的两个观点：一是学习是通过顿悟过程实现的；二是学习的实质是在主体内部构造完成的。这种观点肯定了学生在学习过程中主体的能动作用，对反对机械地学习具有重要意义。

2. 认知—发现说

布鲁纳（Jerome Seymour Bruner）的"认知—发现说"强调学习是认知结构的组织与重新组织，反对以强化为主的程序教学，学习的实质在于主动地形成认知结构，而认知结构是人的认识活动赖以形成的心理结构，它认为人类的学习是主动学习。布鲁纳认为，教学不仅应当使学生牢固地掌握科学知识，还要尽可能地使学生成为自主且自动的思想家，这样的学生在完成正规的学校教育之后，将会独立地向前迈进。

布鲁纳提出的"认知—发现说"，倡导在问题解决的过程中，学生要使自己成为发现者，而教师的作用是向学生提供材料，帮助学生形成独立探究的能力，而不是向学生提供现成的知识。

3. 有意义接受说

奥苏伯尔（David Pawl Ausubel）曾根据学习进行的方式把学习分为接受学习和发现学习，根据学习的材料和学习者原有认知结构的关系将学习分为机械学习和有意义学习。有意义学习理论认为，学校中的学习应该是有意义地接受学习和有意义地发现学习，并且提出了有意义学习应该具备的三个条件：一是学习材料本身必须具备逻辑意义；二是学习者必须具备有意义学习的心向；三是学习者认知结构中必须具有同化新知识的适当观念。

认知学说的观点为质疑驱动式教学中教师提问方案的设计提供了理论基础和依据。教师在知识传授的初始阶段以激发学生疑惑为主要形式，鼓励学生进行独立思考，并且建立与已有知识之间的联系，进而通过一连串的问题引导学生步步反思和质疑，抑或引导学生提出更高水平的质疑问题，由此激发学生的学习心向，学生在强烈求知欲的驱动下完成解疑，最终取得重大收获。

（二）人本主义的学习理论

人本主义心理学是 20 世纪 60 年代在美国兴起的新的心理学派，主要代表人物是马斯洛（Abraham H. Maslow）和罗杰斯（Cah Ransom Rogers），该心理学派在西方被称为"心理学的第三种力量"。

1. 知情统一的教学目标

人本主义心理学家认为人的潜能是通过自我实现的，而不是通过教育的作用实现的。因此，他们认为，教育的作用只是提供了一个安全、自由、充满人情味的心理环境，在此环境下，学生固有的潜能自动得以实现。罗杰斯的教育理想是培养"知情统一"的"完人"，将变化作为教育目标唯一的依据。

2. 有意义的自由学习环境

人本主义认为教学的目标在于促进学习，使学生在好奇心的驱使下去学习他所需要的知识，而非"填鸭式"地向学生灌输教材内容。罗杰斯认为，有意义学习是知识的增长，是每个人各部分经验融合在一起的学习，它具有四个特征：全神贯注、自动自发、全面发展和自我评估。

3. 以学生为中心的教学观

人本主义心理学的主要理论是"自我实现论"，所以罗杰斯在教育改革领域提出了"以学生为中心"的教学理论，并且倡导"非指导性教学"。该理论认为，教师应当尊重学习者，把学习者视为学习活动的主体；重视学习者的意愿、情感、需要和价值观；相信正常的学习者都能自己指导自己，都具有"自我实现"的潜能，倡导教师应当担任"促进者"的角色，为学生提供各种学习资源，营造一种促进学习的气氛。

人本主义的学习理论为质疑驱动式教学中释疑、析疑的方式提供了可能。学生既可以根据自己的推断和目标自信满满地投入自我析疑的推理过程中，也可以和同学进行有目的地交流来析疑。不管通过哪种方式，教师都应该相信，在质疑问题的驱动下，学生都能自己指导自己，按照自己的判断去探索进而析疑。

（三）建构主义学习论

1. 知识观

建构主义认为，知识不是对现实的准确表征，只是一种假设或解释，并不是问题的最终答案。按照这种观点，课本中的知识也只是关于各种现象的假设，因此，教师不能用课本的权威强迫学生被动地接受知识，学生只能靠自己对知识的建构来完成学习，凭借自己的经验来分析知识的合理性。

2. 学习观

建构主义认为，学习知识不是教师向学生的传递过程，而是学生自己建构的结果；这意味着学生的学习是主动的，而不是被动地接受，并且学习过程是新、旧经验之间双向作用的结果。

3. 学生观

建构主义理论认为学习者对外部知识的理解是学习者自己积累建构知识的结果，而不是被动地接受别人呈现给他们的东西。当学习者对现实世界的新的观察和原有观念不一致时，原有观念就会失去平衡，便产生了创造新的规则和假设的需求。

根据以上观点，质疑正是产生于原有观念失去平衡的关键点，因此，教师在教学活动的设计过程中，要关注学生已有的认知观念，通过设计问题的学习，学生能够意识到原有认知已经不能解释现有问题，从而产生怀疑，进而生出创造新规则和假设的想法。同时，教学还要促进学生与学生之间的交流、合作和不同思想观念的碰撞，让学生能够将原有的认知结构与新接收的信息（新知识）之间建立良好的联系，最终完成学习过程。

（四）元认知理论

元认知最初是美国心理学家弗拉维尔（J. H. Flavell）在 20 世纪 70 年代提出的，其实质是对认知的认知。元认知包含三方面的内容：元认知知识、元认知体验和元认知监控。元认知对人的发展价值受到各方面专家的重视，教育学家也积极研究和探讨了元认知在教育活动中的作用。根据对元认知理论的分析，数学元认知是个体元认知系统的一个子系统，它与一般的元认知既有共同之处（如元认知的调控过程、人对自己认知特征的认知），又有不同之处（如对数学总的看法、对数学特征的了解、对具体数学方法、具体数学思想、数学认知策略及其应用条件等方面知识的了解、对数学活动具体而又特殊的体验）。

元认知理论在解决"教会学生如何学习"，培养学生思维能力等方面具有十分重要的意义：教会学生分析在学习过程中注意影响自己数学思维的因素，总结反思自己的解题思路，及时反思数学学习的规律特点，对自己的学习过程和思维过程进行评价。

在数学质疑驱动式教学中，学生的元认知能力发挥着重要的作用，是学生进行有效质疑的基础。学生在质疑活动的最后环节进行质疑成果展示时，能够准确描述在析疑过程中解决问题的角度和运用的方法，能准确反思并叙述自己的想法和得出的结论，元认知能力发挥着重要作用。

二、"QDL"教学模式的程序说明

（一）"QDL"教学模式的操作程序

第一步：激发质疑（课前）——教师提前发布学习任务和学习资源（包括视频、文件），学生自主学习和研讨，并将完成的任务单上交给教师。教师汇总学生上传的学习数据，形成学生对新知理解的首次认定，并据此制定出线下课堂质疑指导方案。

第二步：聚焦分享——学生在小组内进行质疑分享，通过组内互相研讨、修正，形成本组共识的认知理解。其间教师在课堂上巡视，对于产生中断的研讨予以指导，但不要过多地解释或给予明确的结论。

第三步：辩论研讨——教师将各组仍存在疑惑或新产生的质疑进行筛选，选出"切中知识要点和思维痛点的质疑"进行小组间的辩论和研讨，其间教师主导研讨的方向和节奏，最终完成认知的精准建构和审辩式思维的自主体验。

第四步：释疑新建——教师从"新知同化和思维提升"两个方面对学生的课堂表现和认知拓展进行点评，不仅要鼓励研讨中学生的多思善疑、创新思考的行为；更要对质疑背后的根源进行剖析和延展，构建系统、严谨、深刻的新知体系和思维体系。

"QDL"教学模式的操作程序如图 3-1 所示。

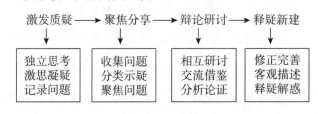

图 3-1

（二）"QDL"教学模式的操作说明

1. 质疑驱动式教学的关键——激活质疑

质疑是"QDL"教学的种子，它的优质和活力是"QDL"教学的关键。面对一个新命题，学生的质疑多产生于以下三个方面：

第一，"是什么"产生的质疑：对命题的界定不清晰或有了自己的臆断，如认为"函数是一个数、矩形就是长方形"等概念界定不清晰造成的混淆或疑惑。

第二，"为什么"产生的质疑：对命题的论证不理解或有了自己的理解，如"负负得正""移形换位"等方法经常成为论证过程中的困惑或不解。

第三，"怎么用"产生的质疑：对命题运用不熟练或有了创新的构想，如"统计图的选择、最大面积的设计"等因有学生的自我思考而质疑不断。

因此，在课前准备环节，教师除了提供不同相似情境下的学习材料，让学生在比较和探究中自然产生怀疑，还要在任务单中引导学生将质疑的内容、归类、依据、重构等表述出来。

2. 质疑驱动式教学的保证——教师精准指导

教师的精准指导是整个质疑活动质量的保证。

在学生进行组内分享和组间质疑时，教师应进行较少的指导和投入，而是观察学生动态，在需要时做出引导，保证讨论顺利进行，尽可能使小组能够更加独立地进行讨论（例如，为讨论提供新的方向，提出问题）。

在学生集体讨论遇到困难或徘徊在较低层级时，教师要第一时间站出来，站在学生的角度，理清问题的来龙去脉，将其层层剥离，挖掘出问题背后的知识漏洞或方法僵化，进而提升学生认知和思维的深度和广度。

教师在进行总结点评时，要围绕和本节课主题、重点和难点内容密切相关的质疑、创新进行提纲挈领地概括，系统地建构知识体系，提升学生的审辩思维意识。

如学生质疑"字母表示数"的意义，教师在点评时不仅要说明

"字母表示数可以简洁地表达数量之间的关系"的作用，更要指出"字母表示数"将数学从"不变"带到了"变化"的世界，对于变化的世界是如何变化的，我们既可以用表示数的字母来探究这些规律，也可以用表示数的字母来表达这些规律，从而更好地为人类服务……，这样的总结不仅将初中的代数知识做了整体推进，更为思维的延展和审辩预留了空间。

3. 质疑驱动式教学的成果——质疑重建

重建是审辩的成果，每一个质疑都应该有重建的产出，这是质疑持久的载体，也是质疑兴趣绵延的保证。很多课上没有被研讨的质疑，可以放到线下继续进行。

如学生质疑命题"应用题的解决，列方程比列算式更方便"，教师就可以在线上发起辩论赛，通过线上相互质疑、协商、研讨，使学生得到最终的结论：方程因字母代替未知数参与运算，所以对于应用题中数量关系的表达会更简便，方程也被称为解决实际问题的基本模型，但是对于未知数不参与运算的应用题，列算式也不失为一种好方法。

第二节　辩论研讨式教学模式

辩论研讨式教学模式是在质疑驱动式教学模式基础上发展而来的，其重点是课堂辩论，因此，在操作上也更为复杂。

辩论研讨式教学与辩论赛有相似之处，但绝不等同于辩论赛。研讨辩论式教学是学生在教师的指导下，针对学习过程中遇到的问题，选定辩题，根据自己的理解和认识形成正方和反方，采用辩论的形式，各抒己见、辩驳问难，在论证己方论点并力求驳倒对方论点的过程中，加深对命题的理解。其实在整个辩论过程中，其重点不在于辩论的技巧，而是对命题的理解和阐释。

英国哲学家图尔敏 1942 年提出了一个可以应用在教学中的辩论模型，不需要太多技巧，就可以让学生像苏格拉底"诘问"一样不断逼近论题本质，有效地激发和引导审辩思维的产生，并且对审辩的深度和广度进行调控和评价，这使得"审辩有了载体，创新有了根，审辩思维不再是无的放矢，而是拾级而上"。

一、辩论研讨式教学模式的理论基础

（一）墨子的辩论理论

辩论的历史与人类语言的历史一样久远。中国古代的"百家争鸣"，使得辩论有了高度发展。如最著名的庄子与惠施公的辩论；孟子也曾自述"余岂好辩哉？余不得已也"，而得到古今好辩之名；墨家辩者，简称墨辩等。《墨子·小取》有一段关于"辩"的概括论述。它说："夫辩者，将以明是非之分，审治乱之纪，明同异之处，察名实之理；处利害，决嫌疑，焉摹略万物之然，论求群言之比；以名举实，以辞抒意，以说述故，以类取，以类予；有诸己，不非诸人；无诸己，不求诸人。"这是对于墨家在逻辑思维方面比较全面的表述，可以说是总结性的论断。这段话的开端提出了"辩"的任务有四项，其中包含认识方面的问题和现实方面的问题。"明是非，审治乱，明同异，察名实"，这都是当时名辩思潮论争中的问题。首先，审治乱之纪，这是政治主张上的重大论题；其次，提出了对任务的要求，是"处利害，决嫌疑，焉摹略万物之情，论求群言之比”，这说的是“辩”在完成任务时所应达到的水平；再次，提出了辩的方法“以名举实，以辞抒意，以说述故，以类取，以类予”；最后，提出了“有诸己，不非诸人，无诸己，不求诸人”，这似是说辩的态度，辩者要有自觉的精神，要多多要求自己。

（二）苏格拉底提问式教学法

“苏格拉底提问式教学法”是指在与学生谈话过程中，并不直截了当地把学生所应该知道的知识告诉他，而是通过讨论问答甚至是辩论的方式来揭露对方认识中的矛盾，逐步引导学生自己得出正确的答案。它包括讽刺（不断提出问题使对方陷入矛盾之中，并迫使其承认自己的无知）、助产（启发、引导学生，使学生通过自己的思考，得出结论）、归纳和定义（使学生逐步掌握明确的定义和概念）等步骤，苏格拉底提问式教学法作为学生和教师共同讨论、共同寻求正确答案的方法，有助于激发和推动学生思考问题的积极性和主动性，并为在教学中开展辩论活动提供启示。

（三）现代对话教学理论

《学习的快乐——走向对话》（〔日〕佐藤著，钟启泉译）中指出，学习作为一种对话性的实践，不仅引导我们从独白的世界走向对话的世界，而且借助这种对话性的、合作性的实践，为人们提供了构筑起“学习共同体”的可能性，而基于“学习共同体”构想的学校改革作为一种“静悄悄的革命”，将会形成 21 世纪教育改革的一大潮流。

（四）图尔敏论证模型

图尔敏论证模型是受到英国哲学家斯蒂芬·图尔敏受"法学类比"的启发，在其基础上，提出了一个由三个板块（主张、审辩、新主张），六个要素（结论、理由、保证、论据、支持和语气）构成的过程性模式，称为图尔敏论证模型（Toulmin's Argument Pattern），如表3-1所示。

表3-1 图尔敏论证模型各要素含义

板块	要素	含义
主张（基础）	结论	一个断言或断定，是要在论证中为正确结论的术语
	理由	为结论提供的理论依据，如普遍规律、权威论述
	保证	为结论与理由之间的联系提供的事实依据，如材料、资料、现象
审辩（核心）	论据	对"理由"产生怀疑时进行反驳的附加性论证材料
	支持	对"保证"产生怀疑时进行反驳的附加性论证材料
新主张（成果）	语气	对"结论"进行修正或完善时的限定词

1. "主张"板块是模型论证的基础

在图尔敏论证模型中，由结论、理由、保证构成的"主张"板块是模型论证的基础，相当于论证过程的"论题"，以"亚里士多德三段论"的方式呈现，但是同"亚里士多德三段论"表达的顺序稍有不同。

例如，"$\sqrt{2}$是开方开不尽的数，所以$\sqrt{2}$是无理数"这个命题，以"亚里士多德三段论"的方式是这样呈现的：

大前提：开方开不尽的数都是无理数；

小前提：$\sqrt{2}$是开方开不尽的数；

结 论：$\sqrt{2}$ 是无理数。

而在"图尔敏模型"中却是这样呈现的：

结 论：$\sqrt{2}$ 是无理数；

理 由：$\sqrt{2}$ 是开方开不尽的数；

保 证：开方开不尽的数都是无理数。

根据语言表达中的"强调后置"原则，"三段论"将结论放在后面，说明"三段论"更关注逻辑分析后的结论是否正确；而图尔敏模型把结论放在了论证分析的前面，把命题成立的依据（"理由"和"保证"）放在了论证分析的后面，说明了图尔敏论证分析的重点是人们对产生这个结论的理由和保证的质疑和评判。

2. "审辩"板块是模型论证的核心

在图尔敏模型中，由论据、支持、语气构成的"审辩"板块是模型论证的核心，也是图尔敏模型所独有的培养审辩思维的组成部分。无论是自己还是他人都可以对主张中的"理由"和"保证"提出问题，然后由论证者进行解释、反驳和申辩。

如针对命题中的"理由"，有人可能提出以下质疑：如何说明 $\sqrt{2}$ 是开方开不尽的数？这种方法也能说明 $\sqrt{3}$、$3\sqrt{2}$ 也为开方开不尽的数吗？……为了说服这样的听众，论证者就必须再拿出新的理由来反驳这些质疑，支持自己前面论述的"理由"，这种新的理由就被称作"论据"，如本次质疑，论证者可以提出"经典的反证法"来说明，同时说明这种方法也能说明 $\sqrt{3}$、$3\sqrt{2}$ 是开方开不尽的数。

如针对命题中的"保证"，有人可能提出以下质疑：为什么开方开不尽的数就是无理数？无理数的定义是这样表述的吗？是不是无理数就是指开方开不尽的数呢？……面对这样的质疑，论证者就有责任予以必要的解释，如出示其理论依据、专家意见或研究结果、统计数字、个人经验等等，这种解释就称作"支持"，如本次质疑，论证者可以出示：无理数的定义是无限不循环小数；并且要解释开方开不尽的数就是无限不循环小数，以及无理数不仅仅是开方开不尽的数等质疑。

3. "新主张"板块是模型论证的成果

在图尔敏模型中，由"语气"要素构成的"新主张"板块是模型论证的成果，特别是通过模型中的"审辩"板块，论证者对命题的结论有了更全面、客观的认识，是对最初的结论进行完善和修正，形成新的结论。当然，新的结论也会形成新命题，再一次被听众质疑，因此，图尔敏模型会被循环使用，直到达成共识，没有质疑为止。

在这个环节中，"语气"起到对"新主张"限定或完善的作用。限定是因为涉及现实背景的命题（如概率、应用题等），都无法保证结论或方法适合每种情况，因此，加上"一般情况""某种情况下"等限定词，使学生的思维更加严谨；而完善是对"新主张"的外延或内涵加以说明，使之更全面。如本次命题中的新主张就可以这样表述：因为 $\sqrt{2}$ 是开方开不尽的数，开方开不尽的数都是无限不循环小数，所以 $\sqrt{2}$ 是无理数，但无理数不仅仅是指开方开不尽的数。

二、辩论研讨式教学模式的程序说明

第一步：确定论题——提前一周将论证课题布置给小组长，由小组长带领组员进行论证板块的分工、研究和汇总。

第二步：展示论点——由某一小组代表按照图尔敏模型的构成，依次进行"主张—审辩（质疑及解释）—新主张"的展示。

第三步：辩驳互论——听众对论题中的"理由""保证""论据""支持"中的内容提出问题，然后由展示小组进行解释或反驳，这种"质疑+反驳"的链条可以循环多次，直至质疑解除。

第四步：完善论点——在多次"质疑+反驳"的基础上，由展示小组对结论进行更客观、更科学、更严谨的描述。

辩论研讨式教学模式的一般流程如图 3-2 所示。

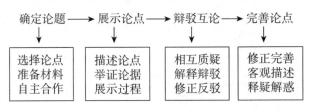

图 3-2

第三节　实验探究式教学模式

实验探究式教学是指以数学中质疑的问题或观点为研究对象，通过实验操作或论证的方式探究出质疑的现象和问题的本质，从而得出结论的过程。

实验探究式教学通过再现知识产生和形成的过程，让抽象的知识变得可见、可触、可探索、可创造，数学不仅是一步步逻辑推导出来的，它是通过观察、实验不断探究事物和现象的运动规律而产生的，所以数学是一门实验科学。

数学实验可以分为：教师演示型实验、学生验证型实验、学生程序性实验和学生探索性实验等，但英国科学教育运动倡导者阿姆斯特朗认为："实物教学或演示实验不管有什么样的价值和效果，都无法与发现式的实验教学相比拟。"要想真正激发质疑意识和创新思维，实验探究式教学的核心都是让学生成为实验的主人，成为探究的主体，去真正体验探索、验证和创造的快乐。

一、实验探究式教学模式的理论基础

（一）数学观的根源

数学观的认识实际是对数学本质的认识，有意或无意地支配着数学教与学的过程与行为。

1. 建构主义的数学观

20 世纪上半叶，数学哲学上出现了逻辑主义、直觉主义、形式主义三个学派的观点，逻辑主义学派认为，数学的思想、方法和概念都是从属于逻辑的，可以把它看作逻辑的一个子集；直觉主义学派认为，数学只能采取归纳性的方法和构造性的证明，否则就会产生歧义、引出矛盾；形式主义学派认为，可以将数学建立在形式化公理控制之下的形式系统，虽然三个学派的数学观不尽相同，但他们都有共同的特点，即对数学持静止、片面的观点，把数学等同于数学知识的汇集，认为数学是一种具有严谨系统的演绎科学，认为数学活动仅仅为高度抽象的思维活动。

随着哲学和数学哲学的发展，建构主义的数学观脱颖而出。建构主义的数学观认为：数学不是建立在独立于人类思想之外的客观现实之上的，数学理论不是随意创建出来的，更不是事先存在的事实只等着我们去承认和掌握它。从产生和发展来说，数学是从人类的社会实践中总结、创造出来的一套客观世界的数量关系与空间形式的知识。它需要通过人们自身的数学活动，从已有的数学对象及关系中产生。学生的学习虽然不是数学家的科学研究，但是他们通过类似的数学活动而获得数学知识和对数学知识的理解。所以基于建构主义的数学观，数学应该被看作是活的、动态的、开放的、可能有错的数学活动的结果，而不是一成不变的、静态的、封闭的、绝对正确的结论。

2. 心理学的理论基础

数学教学即数学活动的教学。中学生学习数学不应只是消极被动地接受并记住来自教师或教科书的数学结论，而应该是积极主动地参与数学活动；数学活动在教学过程中是按照三个阶段进行的思维活动：经验材料的数学组织化—数学材料的逻辑组织化—数学理论的应用。

基于以上认知，数学教学活动不是教给学生已发现的现成的数学理论，而是教给学生如何进行数学活动，让学生通过一系列的数学思维活动——观察、类比、猜想、归纳、概括等来实现数学材料经验化与逻辑化，让学生置身于数学活动中去发现、验证，甚至进一步将理论予以推广，并加以运用数学知识。在实验教学过程中，学生在教师的指导下对实验操作和实验现象等直观感性经验进行分析改造，进而归纳出抽象、理性的概念或原理，最后再将归纳的概念或原理运用到具体的问题情境中，以检验对所获取知识的理解程度。

（二）现代数学教学理论

1. 建构主义的学习观

建构主义的学习观认为：学习不是简单的信息积累，更重要的是新旧知识经验的冲突以及由此引发的认知结构的重组。学习是学习者主动地建构内部心理表征的过程，它不仅包括结构性的知识，而且包括大量非结构性的经验背景；学习过程同时包含两方面的建构，一方面是对新信息的意义建构，另一方面是对原有认知经验的改造和重组，这与皮亚杰（Jean Piaget）关于通过同化与顺应而实现双向建构的过程是一致的；学生的数学学习应该是学生个体主动建构的过程，每个学生都是从自己的认知基础出发，以自己的思维方式理解数学的，因此，不同的人看到事物的不同方面，不存在唯一的标准，学习过程要增进不同学习者之间的合作，使其看到与自己不同的观点，完善对事物的理解。

学习者总是用其自身的经验来理解和建构新的知识或信息，学生学习的数学虽然是间接经验，但对初学者来说，仍然是新的、未知的，需要用他们自己的学习活动来再现数学家发现和探索的过程。从这个意义上看，数学是无法灌输的，是难以讲授的，只能依靠学生的主体参与才能学好数学。杜威早在 20 世纪初就提出了活动理论，强调"从做中学"，他认为最好的学习方法不仅要教给学生现成的数学理论，更要给学生创设数学活动情境使其在"做中学"，把学生摆在数学家的位置上，使其以一个研究者的身份去参与数学知识的获取过程，让学生感受和了解这些知识发生、发展过程，从而萌发出对于数学知识发生和发展、模仿和创造的兴趣。

基于建构主义的学习观，学生的学习应该是在教师指导下以学习者为中心的有意义的学习。既强调学习者的认知主体作用，又不能忽视教师的主导作用。教师是意义建构的帮助者、促进者，而不仅仅是知识的提供者和灌输者。教师从传统意义上传递知识的权威者转变为学生学习的辅导者，成为学生学习的高级伙伴或合作者。学生是学习信息加工的主体，是意义建构的主动者，而不是知识的被动接受者和被灌输对象。

在这个意义下，数学实验教学就是这样一种教学模式——让学生主动开展活动并且进行积极的自我建构，在具体的教学过程中，数学内容被设计成一些对学生而言具有未知和挑战性的"问题",充分展示出数学知识的产生和形成过程,尽可能地使学生真正参与到数学活动中来,鼓励他们大胆想象、积极思维、主动探索,真正做到"手、脑、口"并用,让他们充分发挥自己内在的潜力,不断提高创造的能力;这种教学模式为学生创造了更多自我管理的机会,同时重视师生、生生之间的互相作用;这样的合作与讨论使学生看清事物的各个方面,让学生在讨论中不断对自己的思考过程进行反思,对各种观念进行组织和重新认识,这更加有利于学生建构能力的提高。

2. 发现教学理论

现代认知学派的代表人物布鲁纳,基于认知心理学,尤其是结构主义的认知心理学,提出了"发现学习"的概念。他非常重视人的主动性,强调把人当作主动参与知识获得过程的人。他认为:"发现不限于寻求人类尚未知晓的事物,确切地说,它包括用自己的头脑亲自获得知识的一切方法。"他同时还提出发现学习的基本步骤:带着问题学习探索;提出问题;设置情况;产生不确定性;提出假设,寻求答案;提出各种可能;讨论,求证—评价和验证—得出结论。

对于数学学科而言,数学发现学习的过程即发现过程和论证过程,它以自主学习、直觉思维、动机激发、信息提取为基本特征。

在发现学习理论的基础上,发现法教学在教学实践中的进一步应用与发展,逐渐形成了发现式教学模式。发现式教学模式不是把学习内容以定位的方式直接呈现给学生,而是给学生提供一定的材料,让学生通过一系列的独立探索行为(如知识的转换、领悟、组合等)而习得知识的一种教学模式。

这种模式的目标在于发展学生的探究思维能力,让学生从已知事实和已知现象中推导出未知，形成概念，从中发现事物发展变化的规律，形成科学探究的态度和方法。

由于建构主义学习理论的发现、信息技术与教育的整合，发现学习得到了越来越多的关注，人们越来越强调要综合利用现代化手段、网络通信等新技术，为学习者创设一种开放的、主动的、发现式的学习环境，发展学生的高级思维能力和问题解决能力，基于计算机模拟实验的发现学习则成为实验探究教学的趋势。

二、实验探究式教学模式的程序说明

实验探究教学模式的操作流程主要包括两个过程：实验过程和论证过程，因此，实验探究式教学的操作流程一般为：

第一步，提出实验课题。

提出实验课题是数学实验教学的第一环节，是实施其他教学环节的前提和条件。课题的提出有多种方式：教师通过思考现实生活中遇到的问题，并从中抽象出实验课题，或直接提出课题。由此，明确要解决的问题，引起学生原有的认知结构和新知识的认知冲突或心理变化，以激发学生解决问题的强烈动机。

提出实验课题后，教师应当明确实验目的、实验要求、实验要用的器材或软件。

第二步，实验建模。

在演示型实验中，实验建模由教师完成，而在验证性实验或探究性实验中由学生根据实验目的来思考分析问题，提取问题中的已知条件、未知条件和要求的结果，在实验小组中讨论解决该问题需要用到的数学概念和规律，确定解决问题的概念和规律，然后在自己认真思考的基础上，提出自己分析和解决问题的构想，并预设实验结果。

第三步，方案指定。

根据实验预设，设计实验方案及具体步骤，明确要达到的目标。

第四步，实验循证。

学生进行多次实验，并为每一次的实验结果寻找因果关系和逻辑关系，如果实验的结果符合认知的观点和解释，则实验结果成立，如果有疑惑，则需重新实验、重新寻找其内在的因果关系和逻辑关系。

其间，学生必须尊重事实、尊重规律，以开放的态度面对结果和质疑，运用各种不同认知过程中的科学方法，验证猜想是否科学有效。同时还要让学生看到实验方法的局限性，即通过实验所得到的发现不应该被看作实验的结论，这是数学实验与理化生实验不同的地方。

第五步，实验报告及应用

做出数学实验报告，分享实验过程，展示实验成果，应用实验结果解决实际问题。

实验探究教学模式的操作流程如图 3-3 所示。

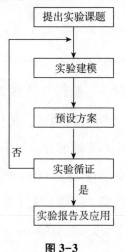

图 3-3

第四节 思维可视化教学模式

思维是人脑对客观现实世界的概括和间接反映，反映的是事物本质和事物间规律性的联系。人脑中形成的思维是看不见摸不着的，如果运用某种辅助工具将隐性思维显现出来，那么就能形成可视化的思维。

所谓思维可视化，就是把学习过程中的思考方法和路径通过图示工具呈现出来。其中，思考方法主要指在学习过程中常用的抽象、概括、区分、推理、分析、综合等逻辑方法，也包括发散、聚合、递进、抽象具象转化等思考方式；思考路径主要是指思考过程中的思维发展线索；图示工具主要指思维八大图示、思维导图和概念图等。

数学思维可视化教学是指在学习和解决数学问题时，借助图示、符号、文字、模型等直观手段将原本不可见的思维路径和知识体系结构清晰地呈现出来，从而达到隐性思维显性化、显性思维策略化、高级思维自动化的教学目的。

在数学教学中，思维可视化工具在小学阶段多采用思维八大图示，到了中学阶段，思维导图使用居多。

所谓思维导图又称心智图、脑图（见图 2-8），是 20 世纪 60 年代初期由英国教育学家东尼·博赞提出的，他按照人类放射性思维的特点，以一个关键主题为中心，主题的分支从中央图形向四周放射，各个分支形成一个个连接的节点结构。这样的思维导图就成为一种可视化图像，在头脑中我们可以将色彩、图像、文字等多个概念结合在一起，以直观形象的图示建立起各个节点之间的联系，模拟思维网络系统使人思考、记忆分析和归纳创造，最大程度激发大脑的潜能，帮助学习者高效地记忆、理解知识、理清脉络、解决问题、训练学习者的逻辑思维，提升学习者的创造能力。

思维导图作为一种有效的教学辅助工具，其核心是将形象思维和抽象思维相结合，将抽象的思维过程转化为具体的文字、图形和线条，使学生从整体上看清主题与各分支，以及各个分支之间的联系和脉络层次，促进学生新旧知识的连接和整合，层次分明地浓缩知识结构，达到快捷梳理知识体系和拓展方法的效果。因此，章节复习课或专题方法拓展课多采用思维导图式教学模式。

思维导图式教学模式是以思维导图的绘制、讨论、修正与完善为教学主线，通过学生对思维导图的个性分享与相互质疑，发现问题构成的逻辑和解决的路径，从而优化思考过程、促进思维发展的教学模式。

一、思维可视化教学模式的理论基础

（一）建构主义学习理论

建构主义来源于认知加工学说、布鲁姆教育理论、皮亚杰认知发展等，建构主义理论自萌发到发展成熟，都离不开布鲁姆和皮亚杰的不懈努力，其中对于建构主义理论的解释可从知识观、学习观、学生观、教学观等多个角度进行阐述。

建构主义从知识观出发，强调学习者只有基于自身的经验背景而建构起来的知识结构才是对知识的真正理解，死记硬背或被动式地复制粘贴都不能达到理解知识的目的，所以不要将我们对知识的理解强加给学生，而是引导学习者在原有知识的基础上进行加工和再创造，自行建构起新的知识体系。从学习观出发，强调学习不是学生简单被动地接受知识和记忆信息，而是学生在原有知识的基础上自主建构新知识的过程，它包括新知识的建构和原有知识的改造和重组。从学生观出发，提出在教学中学习者是有意义学习的主动建构者，因此，在教学活动中应充分发挥学习者的主体性，努力激发学习者主动学习和思考、自动分析和探究。从教学观上强调尊重学习者在课堂教学中的主体地位，教师作为学生学习的辅导者和促进者，在教学活动中应重视学生对现象的理解，倾听学生的观点，摸清学生的思路，为学生创设有利于思维发展的教学情境，搭建交流互动的平台，使学生在教学课堂上有所收获、有所感悟。

由此可知，思维可视化教学应为学生建构数学知识体系及思维体系，教师要充分发挥学生的主体地位作用，创设真实有趣且形象的教学情境，引导学生对新知识产生思考和创想，提出驱动性问题，展示学生的思维路径，拓展学生的思维空间，通过动画、图示等可视化方式，揭示表面现象下的本质变化，转变原有的认知观念，深化对概念和规律的理解，构建更为完整的知识体系和思维体系。

（二）信息加工及脑科学理论

信息加工学习理论认为，大脑在短时间内加工和记忆信息的能力是有限的，且在面对复杂、无序的信息点时记忆容量也会大幅度下降。在面对复杂、繁多且抽象的数学概念和结论时，如果能将散乱的知识点组成有意义的知识板块，转变机械式学习模式，就会增大记忆容量和延长记忆时间。信息加工理论强调学习的主动性，首先学生是主动地接受外界刺激且对外界环境产生兴趣，激发学习动机，然后通过自主整合、反馈达到强化信息的结果，使短时记忆的信息转变为长期记忆。加涅（Rcbert Mills Gagne）针对信息加工设计出具体的加工模式，如图 3-5

所示。

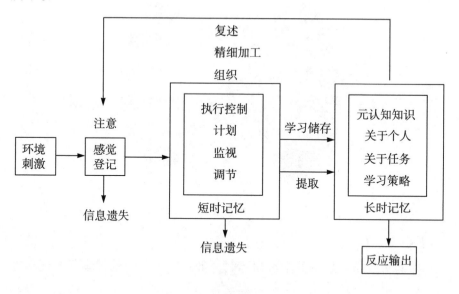

图 3-5

　　现代脑科学研究表明，大脑分为左脑和右脑（见图 3-6），其中左脑负责逻辑、文字、数字，右脑负责直觉、创造力、想象力。大脑是一个并行处理器，它可以同时执行多种功能；学习涉及整个生理机能，外部和内部产生的刺激促进大脑活动，导致神经元连接或突触增加。大脑对外界意义的探索是与生俱来的，它会通过模式来寻找意义。每个大脑都是独一无二的，学习实际上改变了大脑的结构，学得越多，大脑就越独特；大脑学习的最终能力是无法测量的，这种能力会随着使用而增加。

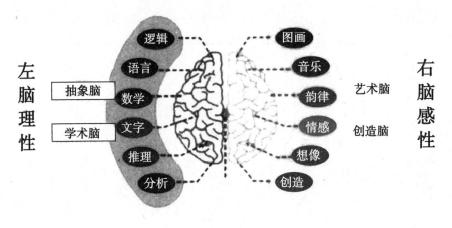

图 3-6

在面对复杂且抽象的学习内容时，如果创设一定的教学环节促使左右脑共同作用，使内隐知识和思维外显化，加深学生印象，增强记忆效果，延长记忆时间。数学比较抽象，如果单纯地通过语言描述来分析其概念间的复杂关系，学生很难全面且深刻地理解其内涵，特别是对逻辑思维抽象能力弱的学生。

（三）图示理论

西方哲学家对于图示的理解可以概括为：图示就是用来建构、组织和分析人类知识的命题网络和概念网络。心理学家将图示定义为一种认知结构，它由储存在人们记忆中的各种经验和信息组成；认知心理学家强调，在认知过程中，人们抽象和概括活动的基本结构或同类事物的特征，在头脑中产生的框图就是图示。

图示的基本功能是帮助人们认识客观事物，加深人们对事物的认识。图示的基本作用可以概括为：构造、判断、探索、重组。即学习者运用图示学习信息与运用图示表示出新旧信息之间的关联，并依据新旧信息之间的关联探求并创造新知识。也就是说，学习者通过图示来构建新知识和旧知识之间的联系，并依据新知识和旧知识之间的联系来推断和创造新知识。

思维可视化的图示方法有多种类型，如思维八大图示、思维导图、概念图、思维地图、流程图、鱼骨图等。这些图示加工信息的方式有两种：自上而下的"概念驱动"与自下而上的"材料驱动"。前者的加工过程为从总体到部分，而后者的加工过程为部分到总体。马力仲将布鲁姆认知过程的六层次"了解、记忆、创新、使用、剖析、评价"概括为三个阶段即"明确、掌握、应用"，从而揭示图示的掌握与使用过程为形成、精致、记忆、提取，因此在数学教学中，思维可视化工具在小学阶段多采用思维八大图示，到了中学阶段，使用思维导图的图示居多。

学生在学习数学尤其是在概念学习中存在认知困难，主要是对概念理解不透彻，因而在解决实际问题时存在困难。这些困难归根结底是学生所学的知识在大脑中零散地存在，没有掌握知识的基本结构，没有构成完整的图示。图示理论强调的恰好是各个知识之间的联系，强调将抽象复杂的知识以简单直观的形式呈现出来，强调通过图示挖掘内在知识点之间的关系和规律。

二、思维可视化教学模式的程序说明

思维可视化教学模式实施的关键是对数学知识和方法的深度理解和把握，因此思维可视化教学的程序如图 3-7 所示。

第一步，确定主旨、绘制图示，此环节一般放在课前预习中完成。即在预习环节中，要求学生利用教材和学习资料，筛选出概念、法则或

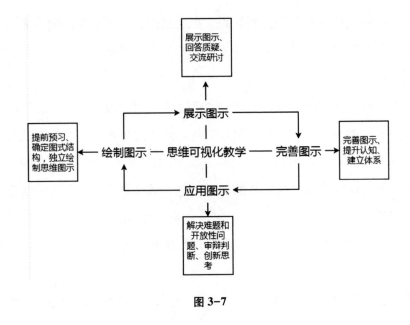

图 3-7

方法中的主干和支干，作为构建思维可视化图示的根基或中心，用线条及文字将基点与各个节点或节点与节点之间连接，初步构建出思维可视化图示的框架。这样，学生在预习中对整个教学内容有了清晰的了解，同时教师也可以从学生上交的思维图示中发现学生的问题和难点所在，及时调整课堂教学的策略和重点，提高课堂教学的效率和深度。

第二步，展示思维可视化图示，交流并完善。学生将预习中设计的图示在小组内进行相互展示和释疑，并绘制出代表本组共同意愿的思维图示，由组长（或其他组员）在班内向全体师生进行汇报讲解，同时提出本组不能解决的问题或还存在的疑惑，同老师或其他组学生进行交流和研讨。

第三步，教师点评，完善导图。教师针对各小组的问题和思维图示中每个节点的内容，进行逐一梳理、组织和分析，拓展相关知识要点，由点到面，组织整个内容体系，使复杂抽象的内容能够层次清晰地表达出来，使学生可以准确地把握学习内容的要点和核心，进一步增强知识点之间的逻辑性，同时完善导图的设计。

第四步，应用思维可视化图示，创新思考。学生根据自己对思维导图的理解和掌握，应用到以往有难度的问题或开放性问题的解决中，体验图示在启发思考和创新思考中的价值，同时充分让学生表达自己的观点，培养学生的审辩式思维和创新性思维。

第五节　自我反思式教学模式

自我反思式教学，即在教学过程中将学生引入一定的问题情境中，通过对数学问题的反思和质疑来学习数学，这是一种有效学习数学方式；包括教师根据学生现有的认知特点创设适宜的问题情境，引发学生原有的认知结构与新现象产生矛盾和冲突，激发学生的反思意识和探索兴趣，为新知识构建良好的基础。

反思就是认知者对自身思维活动过程和结果的自我觉察、自我评价、自我探究、自我监控、自我调节；数学反思就是认知者在数学思维过程中对自己数学认知过程的自我觉察、自我评价、自我探究、自我监控、自我调节。数学反思是以反思的体验、反思的知识和反思的技能为基础，并在对数学认知过程的评价、控制和调节中显示出来的高层次思维活动，它对数学认知活动起着指导、支配、决定、监控的作用。

数学反思的知识、技能与内容是数学反思的核心要素，这些要素是在数学反思体验的基础上形成并发展起来的。反思式教学模式可以真正让学生学会自我反思、自我质疑、自我创新。

一、自我反思式教学模式的理论基础

（一）认知学派的学习理论

现代认知心理学从元认知的视角来讨论有关反思的范畴。熊川武教授用"元认知"这个术语来代替反思这个概念。他指出，从元认知理论的角度来看，反思就是主体对自己的认知活动过程，以及活动过程中涉及的有关事物（材料、信息、思维、结果等）特征的反向思考过程，通过调节、控制自身的认识过程，以达到认知的目的。

毋宁说，元认知是认知主体对自身心理状态、动力、任务目标、认知策略等方面的认知；同时元认知又是认知主体对自身各种认知活动的计划、监督和调节，是"个人对自己的认知过程的自我觉察、自我评价、自我调节"。从更广泛的角度看，元认知是"任何以认知过程与认知结果为对象的知识或是任何调节认知过程的认知活动"。

弗赖登塔尔（H. Freudenthal）认为：反思就是反省，反思自己曾经做过的、感受过的、想象过的、思考过的，以及一个人正在做的、正在感受的、正在想象的、正在思考的，反思就是观点的转变，尽管观点本身可能是物质的或心理的。但这里反映的是心理的转变，这种转变不受时间、空间或其他人说话方式、心理方面的限制。

当代认知心理学全面揭示了人的认知过程和因素。如熊川武教授建议用元认知这个术语代替反思这个概念，并从科学的角度对它进行了深入的分析和探讨。他认为元认知"是人们关于自身认知过程、结果或与他们有关的一切事物如与信息或材料有关的学习特征的认知"。

元认知理论的形成深化并拓展了反思的概念，不仅使反思的内涵与步骤等更清晰，更易理解和把握，而且使反思从昔日单纯的心理现象变成了一种实践行为，直接在实践中发挥作用。

（二）主体性教学理论

20 世纪中后期，在世界范围内涌现出一批代表现代教育思想的流派，如布鲁纳的"学科结构理论"和"发现法"原理；布鲁姆（Benjamin Bloorn）的"掌握学习"理论；赞可夫的"教学与发展"实验等。这些教育思想观点和理论虽然在理论基础和侧重点方面有所不同，但在促进学生主体性发展上却有许多惊人的相似之处，它们无不把发展学生的主体性、能动性、创造性，促进教育教学过程的民主化和个性化放在中心位置。

主体性教育理论无论是在教育目的上，还是在教育过程中，都把发挥人的主体性摆在了十分突出的位置。教育者的任务不仅在于传授知识，更重要的是激发和调动学生的能动性、自主性和创造性；而反思式数学学习就是对数学学习活动过程（或思维过程）的反思。反思是一种思维活动，反思过程是对主体的一种探究过程。探究活动需要调动学生的积极性、主动性，保证学生的主体地位，使学生成为学习活动的主体。没有主体能动自主地活动，探究过程就不会取得任何有意义的成果。要想在中学教学过程或学习过程中体现主体性教育理念，倡导反思性数学学习是很有必要的。主体性教育理论是进行反思性数学学习应该遵循的基本理论之一。

（三）建构主义理论

建构主义最早的提出者可以追溯到著名心理学家皮亚杰，他经过长期的研究发现，儿童在与周围环境相互作用的过程中，逐步建构起对外部世界的知识，从而使自身的认知结构得到发展。知识的学习包括两个基本的过程：同化与顺应。由于个体的认知发展与学习过程有着很大的关系，因此建构主义能够有效地指导我们的学习和教学。

1. 建构主义学习具有学习的反思性特点

学生在学习中必须进行自我分析、自我评价和自我监控，从而获得自我体验，建构主义认为学习是反思性的，只有反思才能让学生把握思维过程，才能促进理解，提高自己的元认知水平；唯有反思才能促进学生思维方式的形成和发展，才能更好地进行创新；在教学上要求教师注意培养学生的反思习惯，注意加强学生元认知能力的培养。

2. 建构主义的数学学习观

数学学习观即对数学本质的理解和看法，建构主义认为数学学习是一个主动建构的过程，是主体在大脑中建构和形成数学认知的过程。这个过程是学生在原有认知的基础上，基于个人经验操作、交流、反省主动建构的。即教师所教的知识必须经过学生感知、消化、改造，使之形成和他们相适应的认知结构，才能被理解、掌握，并经过反思与交流，进一步改善自己的数学结构认知。

学生学习数学的过程，主要是在学校这一特定环境中完成的，因此，我们既要强调教师的重要性，也要体现"学习共同体"，即同学、小组、班级、学校、家庭等对学生数学学习活动的重要影响。

3. 建构主义的数学教学观

数学教学观是指对数学教学本质及其功能的认识。苏联教育家斯托利亚尔曾指出"数学教学是数学活动的教学"。根据建构主义理论，我们认为数学教学是"数学认知结构建构的教学"。教师要以学生的数学认知结构特点及其变化规律为依据，对数学教学的过程进行精心设计、组织、协调、监控和评价，以确保建构目标的实现。

对学习的控制是自我监控与反思性学习。在此过程中，学习主体要不断监视和判断自己的学习进展及与目标的差距，采用各种增进理解和帮助思考的策略，对学习活动进行阶段反思和整体反思，修正学习策略。建构主义强调元认知在学习中的作用，即在学习中必须进行自我分析、自我观察、自我测试、自我检查、自我调节、自我评价和自我监控等活动，以判断其在学习中所追求的是否符合自己设计的目标，从而获得自我体验。建构主义认为学习是反思性的，因为"反思"是学生的自我评价。唯有反思，才能控制思维操作，才能促进理解，提高自己的元认知水平；唯有反思，才能促进观念的形成和发展，更好地进行建构活动；唯有反思，才能确认自身学习中的不足，及时做出调整，排除障碍。

二、自我反思式教学模式的程序说明

反思的过程是元认知的过程，也是解决问题的过程。认知反思是对数学问题解决过程中主体所采用的各种认知策略的合理性进行反思。反思式数学教学模型如图 3-8 所示。

第一步，反思学习结果和过程。

学生通过回顾数学学习的过程，检查数学学习的策略和数学学习结果等反省自己的学习过程和结果。这一环节是反思的开端，其发生的前提是学生具有反思的意识，并且能够自觉进入反思。

反思内容的提出有很多方式：教师可以从学生以往的学习经验中抽象出课题，或者直接提出课题，教师需要明确学生反思的内容、方向和得出的结论等。

第二步，自我评判过程。

学生对自己的学习过程和结果做出判断，如方法是否恰当，答案是否正确，思路是否清晰等。如果认为自己的学习过程是完善的，就进入总结提高阶段，包括总结经验，提炼方法，优化探索，深化拓展等；如果认为是不完善的，就进入察觉问题阶段。

第三步，察觉和界定问题过程。

学生意识到问题的存在，内心产生怀疑、困惑、焦虑等不适感受，并试图改变这种现状，这一阶段的任务能够使学生意识到问题的存在，并明确问题的情境。

界定问题的根源，学生广泛搜集并分析相关经验，特别是关于自己活动的信息，以批判质疑的眼光反观、反省自身，包括自己的思想、行为、信仰、价值观、目的、态度和情感等；在获得一定的信息后，对它们进行认真分析，找出问题的根源，并提出假设。

第四步，确定对策和实践验证过程。

通过分析，认识了问题的成因之后，学生积极寻找新思想和新策略来解决面临的问题，通过接受大量新的信息，不断挖掘新信息的内涵和外延，产生更有效的概念和策略方法。由于学生寻找知识的活动是有方向的、有针对性的，是聚焦式的、是自我定向的，因而，对学生的理论学习和实际能力的提高有着很大的促进作用。

"实践是检验真理的唯一标准"，学生通过实践检验及以上阶段所形成的概念和策略方法，如果能够解释或解决当前的疑惑，就说明检验成功，于是进入总结提高阶段；如果不能，或者在检验中遇到新的具体问题，则进入反思的第一环节，开始新的循环。

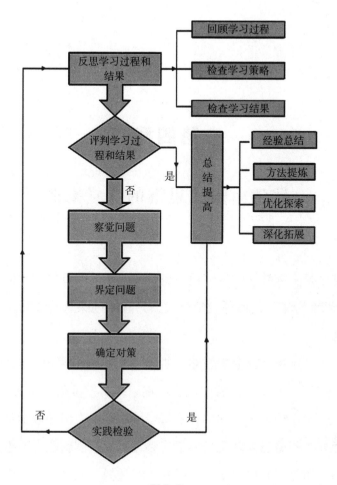

图 3-8

第五步，总结提高过程。

学生通过总结经验、提炼方法、优化探索、深化拓展等方法来优化自己的思维过程，调整自己的认知结构。

由反思式数学学习的认知反思模型可见，反思式数学学习是一个循环过程，每一个相对周期之间均有内在的连贯性，元认知渗透于学习的全过程中，这些正是常规学习所缺乏的。

第四章

数学审辩式思维的课堂案例

　　课堂既是实施教学的主阵地，也是实施教学改革的主阵地。无论以"审辩式思维为魂"的何种教学模式，只有经过课堂的洗礼才能真正地扎根落地。

　　审辩式思维虽然在数学教学中拥有丰富的教学素材，但长期以来，"非对即错"、传教士般的教学理念不仅束缚了教师的教学思想和行为，也使得数学审辩式思维教学的开展举步维艰。大力倡导数学审辩式思维的课堂教学探索是当今时代培养学生独立意识、创新能力的重大举措。

　　同时，课堂探索也给予了教师在内容选择、教学方式、教学调控上更大的空间和创新，教师可以在坚持"科学质疑、启迪创新、因材施教、思维对话"教学原则的基础上，开发出更具有学科特色、教师个性、形态各异、侧重有别的模式样态，这些样态的探索与分享让数学审辩式思维的课堂更加彰显学科特点和教学智慧。

第一节 "QDL"——质疑驱动式教学模式案例

"QDL"教学模式的一般流程：

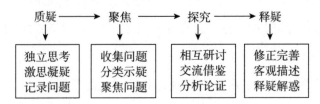

一、三角形的内角和

（一）案例背景

人教版小学四年级下册"探究三角形内角和等于 180°"这一内容在人教版八年级上册再次出现，但对学生的活动能力要求并不一样。小学是用观察、操作的方式了解这一结论，初中则要求探索和证明。从思维上说，初中的要求更加严谨和完善，从能力上说，初中在原有的"基础知识"和"基本技能"的基础上，增加了"数学思想"和"基本活动经验"的要求，通过"质疑命题—研讨（证明）—释疑重建"这一过程，帮助学生建立起一种更深刻的认知方式——证明，并使其在学习活动中获得"转化思想""归纳法"等数学思想方法。这符合学生对知识螺旋式深入认识的规律，也适合采用审辩式思维认识中的质疑驱动式教学模式。

（二）教学实施

1. 激发质疑

质疑1：我们用度量、剪拼、折叠等方法对三角形进行研究，验证了"三角形的内角和等于180°"的猜想，能不能就此相信所有的三角形内角和都等于180°？会不会存在一个我们没验证过的三角形，它的内角和不等于180°？

设计意图：通过引出这个问题，激发学生的质疑意识。学生进行独立思考，对探究过程的严谨性和探究结果的科学性提出问题，产生新的疑问，从而引发学生对"三角形内角和都等于180°"这一猜想，进行更深刻地认知探究，并尝试证明。

2. 聚焦分享

这个环节，在教师引导之下，学生可能提出以下问题：

疑问1：在度量（剪拼）时，结果并不是180°，有的大于180°，有的小于180°，这些三角形的内角和都等于180°吗？

疑问2：验证大量的三角形，如果内角和都是180°，这个猜想能否让人完全信服？

疑问3：三角形分为锐角三角形、直角三角形和钝角三角形，每种类型都选几个代表三角形去验证，这个猜想能否让人完全信服？

疑问4：如何证明这个猜想正确？

其中疑问1是对误差与错误的区别产生怀疑。疑问2、疑问3是学生对"三角形的内角和等于180°"这一猜想可信度的思考。通过讨论，学生不难发现，再多的实验，也只是对有限个三角形的实验，这种"验证"不是"数学证明"，不能包含所有的三角形，仍然不能让人完全信服。

疑问 3 是学生对"三角形的内角和等于 180°"这一猜想可信度的进一步思考，为了弥补实验操作的可信性，从而了解证明的必要性。但由于学生的经验不足，不容易形成证明思路。鉴于以上疑问和困难，学生需要分享问题、交流看法、研讨启发。

3. 辩论研讨

①相互研讨。

学生围绕以上问题进行辩论研讨，得出以下结论。

结论 1：在度量（剪拼）时，由于工具及观察存在误差，不能因为结果不等于 180°就否定"三角形的内角和等于 180°"的猜想。

结论 2：要尊重测量的实际结果，测量时有的测量结果不等于 180°，不能说明三角形内角和一定等于 180°，只能根据这些测量结果猜测三角形内角和可能等于 180°。

结论 3：多验证一些三角形，可以验证我们对三角形内角和等于 180°的猜想，有助于增强我们对猜想的信心。

结论 4：尽管有分类，但还是对有限个三角形进行验证，不能证明猜想一定正确。

……

在辩论中，学生提出的各种结论，都是自身对实验操作理解的结果，虽然各有理由，但都不够充分，不足以令对方信服。寻找一种令大家共同信服的方法来证明命题正确，就成了一个摆在大家面前的重要问题。

②交流借鉴。

如何证明三角形内角和等于 180°呢?

把拼角的其中一个操作结果展示（见图 4-1）。

观察：在图 4-1 的操作中，∠B、∠C 分别拼在 ∠A 的左右两边，三个角合起来形成一个平角，出现了一条过 A 点的直线，这条直线和边 BC 平行。

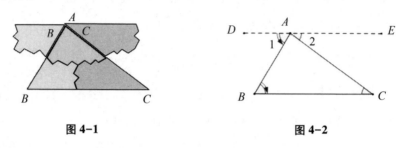

图 4-1   图 4-2

启发 1：任意一个三角形，都有三个角，都可以把 ∠B 与 ∠C 剪下来拼到 ∠A 的两侧。

启发 2：可以把拼角改为任意画出 △ABC，过 A 点画出 BC 的平行线，就可以把 ∠B 与 ∠C 拼到 ∠1 与 ∠2 处了（见图 4-2）。

启发 3：由平行线的性质可知 ∠1 = ∠B，∠2 = ∠C，∠1 + ∠2 + ∠BAC = 180°，所以 ∠A + ∠B + ∠C = 180°。

观察操作的图形特点，分析归纳角的数量关系和直线的位置关系。

质疑 2：由这条直线和边 BC 的位置关系，能否启发我们找到证明"三角形内角和等于 180°"的思路？

引导学生反思操作过程，体会添加辅助线的方法，感悟辅助线在几何证明中的重要作用。

质疑 3：通过前面的操作和证明过程，你能受到什么启发？能用其他方法证明这个定理吗？

鼓励学生从不同的角度思考问题，归纳作辅助线的方法，丰富添加辅助线的经验。

4. 释疑新建

质疑 4：通过对"三角形内角和等于 180°"的证明，你有哪些感悟？

通过归纳提升，让学生明白观察、实验、猜想是发现数学公式、定理的重要途径。而命题是否正确，需要经过理由充足、令人信服的推理证明，并且添加辅助线的方法源于实验和操作的抽象转化。

（三）案例反思

质疑驱动式教学是以质疑为前提，释疑为主线，通过创设质疑情境、质疑研讨、质疑重建来帮助学生建立一种自主学习、主动探究的全新学习模式。本节课采用质疑驱动式教学模式，具有四个优势。

①激发学生对猜想产生怀疑，发扬质疑的精神。"三角形内角和等于 180°"是学生们用测量、拼图等实验方式获得的一个命题，这个命题在小学阶段受到知识的限制，没有经过证明。进入初中以后，学生开始学习如何证明，对用实验方式获得的结果进行质疑，是发扬质疑精神的好机会。

②感受探究问题的完整过程，发挥质疑能力的优势。在感受问题、提出问题、分析问题、解决问题的探究过程中，提出问题是关键，善于质疑是提出问题的核心能力，也是探究活动的驱动力。本节课是在小学阶段对三角形内角和探究基础上地再探究，这个活动是否有必要，关键是对"三角形内角和等于 180°"的内容和获取方式是否产生怀疑，更是对思维方式是否严谨的考验，也对是否有完整探究过程意识的检验。质疑的形成需要经历一个从"困惑"到"问题"的缘起过程，从"表面"到"本质"的聚焦过程，以及从"宽泛"到"具体"的细化过

程，在质疑中将模糊的"原发需求"不断聚焦为具体的研究问题，在这个具体问题"动态生成"的过程中，提升自身的思考能力和发展能力。

③对学生发展证明意识和证明能力具有优势。学生对测量、拼图等方式的全面性产生怀疑，就需要寻找一种新的方式来证明结论正确，或举出反例来反驳结论。学生在尝试举反例时发现并不能找到一个反例，那么就开始尝试证明；在拼图过程中发现辅助线的平行线，从而获得证明的思路是学生由此获得的一个重要体验；在释疑解惑的尝试中，发展证明意识和证明能力。

④对挑战学生的内心，增强学好数学的信心具有优势。在质疑驱动式教学中，学生既能大胆地提出疑问，又能发表自己的见解。从感受方面，学生的问题得到重视，疑惑得到解答，错误得到纠正，内心受到挑战，从而带来学习的快乐，可以进一步增强学生学好数学的信心。

二、算术平方根

（一）案例背景

《算术平方根》是人教版教材七年级下册数学第六章《实数》第一节的内容。在此之前，学生已经学习了有理数，掌握了乘方运算，知道加法和减法互为逆运算，乘法和除法互为逆运算，那么乘方运算有没有逆运算呢？在乘方运算 a^n 中，a 叫作底数，n 叫作指数，a^n 作为结果叫作幂。如果乘方运算有逆运算，那已知是什么？求什么？运算的名称是什么？运算的结果又叫作什么？生活中有没有这种运算的应用呢？

（二）教学实施

1. 激发质疑

问题 1：前面我们学习过加法运算，当加法运算中加数相同时，得到了乘法运算，当乘法运算中因数相同时，得到了乘方运算，那么乘方有没有逆运算呢？在 a^n 中，a 叫作底数，n 叫作指数，a^n 作为结果叫作幂。如果乘方有逆运算，已知什么，求什么？

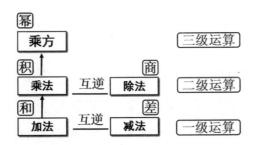

设计意图：提出问题，激发学生的质疑意识。加法运算的逆运算是已知和与一个加数，求另一个加数。乘法运算的逆运算是已知积和一个因数，求另一个因数。而在乘方运算中，会存在已知幂和底数求指数，已知幂和指数求底数的两种情况。

问题 2：乘方运算中最简单的是平方运算，那我们就从平方运算开始研究，已知幂和指数 2，求底数的问题。

学校要在 5 月份举办艺术节活动，美术社团的同学要在艺术节活动上展示美术作品，同学小欧想裁出一块面积为 25 dm^2 的正方形画布，画上自己的作品进行展示，这块正方形画布的边长应取多少？

这类问题有什么共同点？已知什么，求什么？

2. 聚焦分享

学生独立完成填表，并思考这些问题的共同点，然后分享自己的观点。

表 4-1　正方形面积与边长关系

正方形的面积/dm^2	1	9	16	36	$\frac{4}{25}$	...
正方形的边长/dm						

已知正方形的面积求正方形边长，即已知一个正数的平方，求这个正数的问题，也就是已知幂和指数 2，求底数。

设计意图：通过一组已知面积求边长的问题，让学生熟悉已知一个正数的平方，求这个正数的问题，同时感受乘方的逆运算在生活中的应用。

给出定义：一般地，如果一个正数 x 的平方等于 a，即 $x^2=a$，那么这个正数 x 叫作 a 的算术平方根。规定 0 的算术平方根是 0。

根据算术平方根的定义，对表格中的数据进行描述。

如 9 的算术平方根是 3 或 3 是 9 的算术平方根。

问题 3：根据算术平方根的定义，你知道面积为 2 的正方形的边长了吗？

面积为 2 的正方形的边长可以表示为 2 的算术平方根。文字表达不够简洁，引入算术平方根的符号表示。

a 的算术平方根记为 $\sqrt{a}$，读作"根号 a"，a 叫作被开方数。

设计意图：引出算术平方根的符号表示，让学生感受数学的简洁，体会一种新运算的意义，明确它的符号表示和各部分的名称，以及一个符号产生所经历的过程，了解数学文化。

例1　求下列各数的算术平方根。

（1）100　　（2）$\dfrac{49}{64}$　　（3）0.0001　　（4）7

解：因为 $10^2 = 100$，所以 100 的算术平方根是 10，即 $\sqrt{100} = 10$。

例2　说出下列各式的意义，并求出下列各式的值。

（1）$\sqrt{49}$　　（2）$\sqrt{2\dfrac{1}{4}}$　　（3）$\sqrt{4^2}$　　（4）$\sqrt{3^2 + 4^2}$

解：$\sqrt{49}$ 表示 49 的算术平方根；因为 $7^2 = 49$，所以 49 的算术平方根是 7，即 $\sqrt{49} = 7$。

对于被开方数是带分数的，先化成假分数，再求算术平方根；

对于被开方数中含有运算的，先化简再求算术平方根。

设计意图：通过书写规范的解题过程，形成解题思维的逻辑性和有序性，进一步巩固算术平方根的概念。

3. 辩论研讨

问题4：是不是所有的数都可以求它的算术平方根呢？被开方数的取值有要求吗？算术平方根可以是任意范围内的数吗？

学生先独立思考，然后进行辩论研讨，形成共识，统一答案。发言的学生要说出自己的答案和依据。

正数和 0 有算术平方根，负数没有算术平方根，即被开方数非负数。

一个非负数的算术平方根也是一个非负数。

问题5：被开方数的大小与对应的算术平方根的大小之间有什么关系呢？举例进行说明。

被开方数越大，对应的算术平方根越大。

4. 释疑新建

练习1　判断下列说法是否正确。

（1）5 是 25 的算术平方根；

（2）-7 是 49 的算术平方根；

（3）0.01 是 0.1 的算术平方根；

（4）2 是 -4 的算术平方根。

（2）（3）（4）不对，正数的算术平方根是正数，负数没有算术平方根，0.1 是 0.01 的算术平方根。

练习2　下列各式是否有意义，为什么？

（1）$\sqrt{-4}$　　（2）$-\sqrt{4}$　　（3）$\sqrt{(-4)^2}$　　（4）$\sqrt{\dfrac{1}{8^2}}$

学生先独立完成，再进行小组内辩论研讨。

设计意图：明确 $\sqrt{a}$ 中 $\begin{cases} a \geq 0; \\ \sqrt{a} \geq 0; \end{cases}$ 回顾概念，加深对概念的理解。

明确求一个数的算术平方根是一种运算，这种运算的对象是非负数，运算的结果也是非负数。

小结：本节课学习了什么内容？

算术平方根的概念、表示符号和性质等。

（三）案例反思

本节课注重知识之间的联系，从运算的互逆角度提出乘方有没有逆运算的问题，激发学生的质疑意识和学习兴趣；又从学生的生活经验出发，理解算术平方根的本质，即已知一个正数的平方，求这个正数的问题，从具体到抽象地给出算术平方根的概念，使学生理解算术平方根的意义。

在学生学习的过程中，给学生独立思考、练习、小组辩论研讨、交流展示的时间。在交流中，有意识地让学生互相查漏补缺，体验学习的快乐，增强学生的求知欲，由此培养了学生的审辩式思维，掌握了"自主、探究、合作"的学习方式，实现了本节课的学习目标和情感价值目标。

三、全等三角形的判定

（一）案例背景

初一的学生已经学习了平行线的判定和性质，初步感受了性质和判定的互逆性。在学完三角形全等的性质后，学生知道：如果两个三角形的三条边分别相等，三个角也分别相等，这两个三角形一定全等。由此指出问题：难道两个三角形全等一定要同时满足这六个条件吗？进而激发学生的质疑精神。如果要减少条件，又如何进行研究呢？要求学生学会由浅入深，从特殊到一般进行分类研究。从最简单的情况开始研究，如果只满足一个条件，两个三角形全等吗？如果不全等，学生可以举出反例。两个条件和三个条件呢？

（二）教学实施

1. 激发质疑

问题 1： 已知 $\triangle ABC \cong \triangle DEF$，你能得出哪些结论？

根据三角形全等的性质可以得出对应边和对应角分别相等即

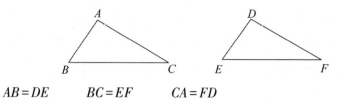

$$AB = DE \qquad BC = EF \qquad CA = FD$$

反过来，如果△ABC 和△DEF 满足三条边分别相等，三个角分别相等，即 $AB = DE$，$BC = EF$，$CA = FD$，$\angle A = \angle D$，$\angle B = \angle E$，$\angle C = \angle F$ 就能判定△$ABC \cong$△DEF。

问题 2：一定要满足三条边分别相等、三个角分别相等这六个条件才能保证△$ABC \cong$△DEF 吗？

问题 3：能否在这六个条件中选出部分条件，简捷地判定两个三角形全等呢？你打算如何研究这个问题？

设计意图：通过复习全等三角形的性质，引出三角形全等的判定。通过问题 2 激发学生的质疑精神。通过问题 3 引发学生思考，如何减少条件，怎么研究更简单。通过学生分享交流、教师点拨达成共识，按照"一个条件""两个条件""三个条件"……的顺序探索三角形全等的条件。

2. 聚焦分享

问题 4：如果两个三角形满足上述六个条件中的一个，能不能得到这两个三角形全等？如果两个三角形满足上述六个条件中的两个，能不能得到这两个三角形全等？

学生在独立思考的基础上，进行小组交流探讨。有的学生思考比较全面，把多种情况都进行了分析，举出了反例。而有的学生逻辑性不强，没有把所有的情况都考虑到，通过小组交流，思考不全面的同学也能受到了启发。

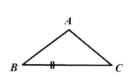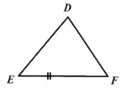

一边:

△ABC 和△DEF 满足 BC=EF，但这两个三角形不全等。

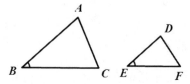

一角:

△ABC 和△DEF 满足 ∠B = ∠E ，但这两个三角形不全等。

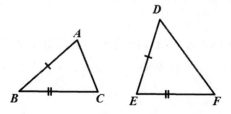

两边:

△ABC 和△DEF 满足 AB=DE，BC=EF，但这两个三角形不全等。

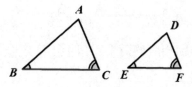

两角:

△ABC 和△DEF 满足 ∠B = ∠E ， ∠C = ∠F ，但这两个三角形不全等。

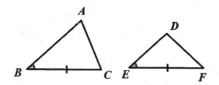

一边和一角:

$\triangle ABC$ 和 $\triangle DEF$ 满足 $BC = EF$,$\angle B = \angle E$,但这两个三角形不全等。

学生统一认识:只有一边、一角或两边、两角、一边一角相等的条件不能得到两个三角形全等。

问题 5:如果两个三角形满足上述六个条件中的三个,有几种可能的情况?你能得到哪些结论?

预设 1:三边分别相等、三角分别相等、两边一角、两角一边共四种情况。

预设 2:学生对两边一角和两角一边的情况分得更加清晰,两边和夹角、两边和其中一组等边的对角;两角和夹边、两角和其中一组等角的对边。

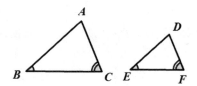

结论:三个角分别相等的两个三角形不一定全等。再如,学生的三角板和老师的三角板。

3. 辩论研讨

问题 6:如果两个三角形三个角分别相等,这两个三角形不一定全等。那么对于其他几种情况,两个三角形全等吗?

我们先从三边分别相等,这两个三角形是否全等开始验证。

知识链接：已知线段 AB，用尺规画一条线段 CD，使得 $CD=AB$。

步骤：①画一条射线 CE；

②以点 C 为圆心，AB 长为半径画弧，交射线 CE 于点 D；

③线段 CD 即为所求线段。

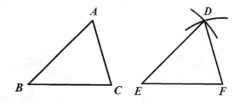

设计意图：复习用尺规画一条线段等于已知线段，为下面验证三边相等的两个三角形全等作铺垫。

探究：已知△ABC，请你画出△DEF，满足 $AB=DE$，$BC=EF$，$AC=DF$；

△ABC 与△DEF 全等吗？请同学们以组为单位验证满足三边相等的两个三角形是否全等。

作图过程：

作线段 EF，使 $EF=BC$；

分别以 E、F 为圆心，线段 AB，AC 长为半径画弧，两弧交于点 D；

连接线段 DE，DF。

设计意图：学生要验证两个三角形是否全等，依据定义，把其中一个三角形剪下来，与另一个三角形对比，它们能否重合，以此来验证是否全等。

学生通过作图、剪图、比较图等过程，领悟基本事实的正确性，获

145

得"边边边"的判定方法。

判定定理 1：三边分别相等的两个三角形全等。

4. 释疑新建

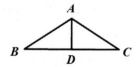

例 1 如图所示的三角形钢架中，$AB=AC$，AD 是连接 A 与 BC 中点 D 的支架。

求证：$\triangle ABD \cong \triangle ACD$。

设计意图：利用"边边边"判定方法证明两个三角形全等，教师给出证明两个三角形全等的规范过程。

练习：用直尺和圆规作一个角等于已知角。

已知 $\angle AOB$，求作 $\angle A'O'B'$，使 $\angle A'O'B' = \angle AOB$。

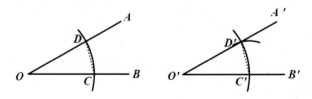

作法：（1）以点 O 为圆心，任意长为半径画弧，分别交 OA，OB 与点 D，C；

（2）作一条射线 $O'B'$，以点 O' 为圆心，OC 长为半径画弧，交 $O'B'$ 于点 C'；

（3）以点 C' 为圆心，CD 长为半径画弧，与第（2）步中所画的弧相交于点 D'；

（4）过点 D' 作射线 $O'A'$，则 $\angle A'O'B' = \angle AOB$。

思考：为什么这样作出的两个角相等？

由作图过程可知：$OC = O'C'$，$OD = O'D'$，$CD = C'D'$，根据三边分别相等的两个三角形全等，得到 $\triangle OCD \cong \triangle O'C'D'$，所以 $\angle A'O'B' = \angle AOB$。

设计意图：不直接给出相等的边，根据作图过程，得到两个三角形的三边分别相等，从而判定两个三角形全等。同时体会尺规作图的合理性，增强作图技能。

（三）案例反思

本节课通过三角形全等的性质提出问题，两个三角形全等一定要同时满足六个条件吗？由此激发学生的质疑精神；如果要减少条件，又如何进行研究呢？学生进行小组交流讨论，从一个条件开始通过画图举例进行研究，在此过程中培养了学生的甄别能力。

四、三角形全等的判定方法

（一）案例背景

本内容选自人教版八年级上册数学第十二章第二节。在此之前学生已经学习了全等三角形的定义、性质，对全等三角形有了一定的了解，这对本节课的深入学习起到了铺垫作用。本节课的内容在本章中占据重要地位，并为今后的几何学习及其他学科的学习打下基础。本节课中，如何从六个条件中选择部分条件简捷地判定两个全等三角形，怎样通过逐渐增加条件的数量构建出三角形全等的探索思路，对于思维水平正在逐渐提高的八年级学生来说有一定的难度。

为了突破难点，本节课采取质疑驱动式教学模式。

（二）教学实施

1. 激发质疑

根据全等三角形的定义，如果两个三角形满足三条边分别相等、三个角分别相等这六个条件，就能判定这两个三角形全等。用符号和图形表示如下：

$$\because AB = DE，BC = EF，AC = DF，$$
$$\angle A = \angle D，\angle B = \angle E，\angle C = \angle F$$
$$\therefore \triangle ABC \cong \triangle DEF$$

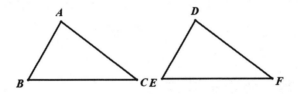

教师提出问题 1：是否一定要用三边分别相等、三个角也分别相等这六个条件，才能判定两个三角形全等？

学生独立思考，对质疑提出反驳：如果三边分别相等，两角分别相等五个条件也能判定三角形全等。理由是根据三角形内角和等于 180°，只要两个角相等，第三个角就一定相等。因此，不需要三个角都分别相等，即六个条件可以减少。

总结质疑思维：反驳一个命题成立，只需要举出一个反例即可。

教师布置任务：推翻一个命题，会有新的问题产生，请记录你的问题，并与同学交流。

这是一个开放性的质疑，学生需要把这个问题具体化。

问题 1：最少几个条件能判定两个三角形全等？

问题 2：条件个数从多到少还是从少到多排除比较好？

问题 3：具体怎么排除或判定？

……

2. 聚焦分享

学生继续独立思考，思考自己提出的问题，然后在小组内充分交流，并派代表发言。

教师适时点拨，推动学生对问题的理解和转化。

学生完善自己的疑问串，并确定研究顺序。

学生疑问串：

①一个条件（一条边或一个角分别相等），能判定两个三角形全等吗？

②两个条件（两条边、一边一角或两个角分别相等），能判定两个三角形全等吗？

③三个条件能判定两个三角形全等吗？

④四个条件呢？

……

聚焦问题：在三个条件的探究中，可分为几种情况？

学生回答，并相互补充，最后将其分类：三边、三角、两边一角、两角一边，共四种情况。

3. 辩论研讨

教师提议：由于课堂时间有限，本节课先探究三边分别相等的两个三角形是否全等。

学生提出问题：

①如何得到两个三条边分别相等的三角形?

②怎么判断画出的三角形全等?

这个环节用问题推动学生进行独立思考，相互研讨，交流借鉴，分析论证，然后展示发现的结果。

方法1：学生用三组相同的木棍可以搭成两个满足条件的三角形。

方法2：用尺规作图画出满足条件的三角形。

具体操作如下：

任意画一个$\triangle ABC$，再用尺规画一个$\triangle A'B'C'$，使$A'B'=AB$，$B'C'=BC$，$A'C'=AC$，教师在黑板上，学生在纸上同时画图，然后学生剪图，比较图形，发现图形能够重合。学生自然猜想：三边相等的两个三角形全等。

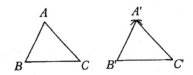

4. 释疑新建

学生思考猜想的正确性并提出新的问题。

尺规画出的三角形全等，能否说明两个三角形全等?

……

学生继续思考、讨论。有的同学尝试证明，有的同学回顾作图过程，试图找到反例。教师指导学生回忆尺规作图的操作过程，总结作图结果的唯一性特征。引导学生透过现象看本质，概括"边边边"方法判定全等三角形的基本事实，锻炼学生的概括能力。

(三) 案例反思

质疑驱动式教学是学生学习方式由被动学习到主动学习的一个转

变。爱因斯坦说过："提出一个问题比解决一个问题更重要。"思考的过程是"提出问题—解决问题—提出新的问题"不断循环往复的过程。善于提出问题是思考和整理的结果，是一种推理、创新、总结、归纳的能力体现。敢于提出问题，是一种态度，是学习的勇气和学习方式。提出的问题不一定要让别人解答，很多是提问者自问自答及互相解答。这是一个进行主动思维活动的过程。这个思维活动只有在遇到比较困难的问题时才能够有效进行。而本节课中，如何从六个条件中选择部分条件简捷地判定两个三角形全等，怎样通过逐渐增加条件的数量构建出三角形全等的探索思路，对思维水平正在逐渐提高的八年级学生来说有一定的难度。基于以上质疑驱动式教学的特点，及突破本节课思维难点的需要，本节课采用质疑驱动式教学模式。本节课有三个不同于常规课的特点，分别是：

1. 有效地捕捉思维细节，使学生的思考连续性发展

本节课采用质疑驱动式教学，基本上是以学生"提出问题—思考辩论—展示结果—再提出新的质疑"这样的环节进行的。学生的质疑，是基于自身认知水平上思维发展的断点或难点，这个断点或难点不一定是知识发展的关键点，由于其个性化的特征，老师们不一定能预设出来，但它确实是学生思维发展的障碍。在课堂上捕捉到这些思维细节并解决这些问题，就能够贴合学生的思维发展过程，就能够产生有价值的课堂生成，能为学生思考的连续性发展扫清障碍。

2. 问题驱动思考，锻炼学生提出问题及解决问题的能力

要解决质疑，就需要分化质疑，将其转化为一个个小问题，这些小问题是基于质疑而分类或分层提出的，便于解决问题。这样提出问题和解决问题的过程，可以锻炼学生转化问题和解决问题的能力。

3. 经历探究的体验

质疑和释疑的过程也是探究的过程，两者互为依托。真正的探究一定是带着问题的探究。在探究过程中，如果提不出问题，就代表没有思维参与，那样的探究就不是真正的探究。本节课以质疑为驱动，以探究为主线，两者相辅相成，使学生获得真正探究的体验和乐趣。

五、"QDL"教学模式的实践反思

（一）质疑驱动式教学的"四策略"

①创设情境——"思维起于直接经验的情境"。无论在线上还是线下，都要创设一个真实而复杂的问题情境、生活情境或探究情境，并将任务放置于这样的情境中，这样不仅让学生感受到产生的疑惑与情境相关联，也感受到疑惑与自己相关，解决疑惑就是学生自主自愿的行为，从而展开质疑分享和质疑辩论等学习活动。另外，这种复杂的情境，也使疑惑与原有认知结构中的经验发生联系，激活现有经验去同化和顺应学习活动中的新知识，赋予新知识个性的意义，形成认知结构的改造和重建。

②自我验证——线上激活质疑后，学生首先进行自我验证。自我验证是自主学习的实质性环节，不是老师直接讲授或讲解问题解决的方法，而是学生自主验证疑惑破解的方法。一般流程是：在明确所有疑惑的基础上形成解决疑惑的"知识清单"；确定搜集知识的途径和方法；对搜集到的知识和信息进行分析和处理；利用知识和信息解决疑惑，完成任务单并上传。

③协作释疑——自主学习后的拓展环节。班内各小组在教师的组织和指导下交流、讨论自主释疑的学习成果,审辩式地面对所提出的各种理论、观点、假说、思路,通过辩论协商的方式将群体智慧为每个个体所共享,内化为个体的智慧,拓展个体的知识视野,这也是提高学生交流、合作、评价、审辩能力的重要环节。

④产出评价——自主学习的激励环节。学生的自我评价、组内的相互评价以及教师的点评反馈,都极大地激发了学生的自主质疑兴趣和解疑释疑的欲望。评价要包含:是否完成规定的学习任务,在学习过程中所表现的各种能力,在群体中所做的贡献等。重视过程性评价,提供开放、多元、多维的评价指标,以充分反映学生在质疑、思考、释疑、解疑过程中的不同思维水平。评价的最终目的是要让学生通过评价明确并形成自我调控、自我反馈、自我认同的学习能力。

(二)"QDL"与审辩式思维的关系

在"QDL"质疑驱动式教学中,学生是通过质疑产生、质疑分享、质疑辩论、质疑点评四个环节完成认知的扩充和提升的,其间审辩式思维的层级也随着质疑的推进由熟识、理解、分析逐步到评价、创新,质疑驱动和审辩思维形成了一个由低到高、从浅到深的认知思维发展共同体,质疑驱动是审辩式思维的基础,而审辩式思维又引发了高水平的质疑,它们相互关联映射、彼此促进。

1. "QDL"与审辩式思维是相互关联的关系

①质疑产生——熟识与理解。

学生线上自主学习时,更倾向于浅层次的学习认知,因此,产生的质疑往往处于浅层次、低水平的审辩式思维阶段——熟识和理解。案例

《全等三角形的判定方法》一节中，自主质疑环节的"辨识"和"理解"这种较低层次思维相关的行为事件分别达到 50% 和 25%，由此可见，线上学习所得的浅层质疑标志着审辩式思维的开始。

②质疑分享——分析与评价。

质疑分享环节中，与"分析"（50%）和"评价"（25%）相关的行为事件最多。分析层次的思维集中在"以交换信息为目的提出问题与质疑"，而不是"自行观察"和"自己明确或鉴定问题的本质"，这说明质疑分享是在向高水平的思维层次发展做准备。

③质疑辩论——评价与创新。

质疑辩论环节中，与"评价""创新"相关的行为事件较多，各小组会对信息进行较多的评价，同时进行自我反思及作品优化，创新地进行质疑重建，呈现出周期性、迭代性的观点质疑、重建、再质疑、再重建的过程，说明辩论引发的质疑可以真正促进学生较高水平的审辩式思维的重建和创新。

2. "QDL"与审辩式思维是彼此促进的关系

①质疑是审辩的前导——质疑是敢于对以前的知识、结论的正确性产生怀疑与批判，并孜孜以求地探索求证，最终去粗存精、去伪存真，由现象到本质地认识概念和规律，因此，质疑是审辩的源头，审辩总是以质疑为先导，深入审辩之后更能坚定质疑的态度。

②审辩是质疑的延伸——质疑前先有审辩式地分析，质疑后又紧接着是系统性地延伸分析，长此以往学生就习惯于用审辩式的思维活动，反复地深入思考问题，从而思维更开阔、灵活，见解更深刻、新颖，也就越容易进行创造。所以质疑是破旧和革故的"清道夫"，审辩是立异和鼎新的"助产士"。

　　"QDL"质疑驱动式教学，可以在现代化信息技术手段、"互联网+"的支持下，通过"线上激疑+线下释疑"的路径、"质疑+分享+辩论+重建"的学习过程，完成新知与旧识的同化与顺应，培养了学生的审辩式思维能力和科学的质疑精神，探索出面向21世纪培养适应社会需求的综合型创新人才的有效途径，更让信息交换和信息甄别带来的质疑驱动成为未来社会交流和分享的重要手段，也带来审辩式思维在教学中的巨大契机。

第二节　辩论研讨式教学模式案例

　　研讨辩论式教学模式是在质疑驱动式教学模式上发展而来的，其重点是课堂辩论，操作上较为复杂。

　　研讨辩论式教学与辩论赛有相似之处，但绝不等同于辩论赛。研讨辩论式教学是学生在教师的指导下，针对学习中的问题，选定辩题，根据自己的理解和认识形成正方和反方，采用辩论的形式，各抒己见、辩驳问难，在论证己方论点并力求驳倒对方论点的过程中，加深对命题的理解。其实在整个辩论过程中，其重点不在于辩论的技巧，而是对命题的理解和阐释。

　　英国哲学家图尔敏1942年提出了一个可以应用在教学中的辩论模型，不需要太多技巧，就可以让学生像苏格拉底"诘问"一样不断逼近论题本质，有效地激发和引导审辩思维的产生，并且对审辩的深度和广度进行调控和评价，这使得"审辩有了载体，创新有了根，审辩思维不再是无的放矢，而是拾级而上"。

　　辩论研讨式教学，主要采用以下程序：

自我反思性教学，是在教学过程中将学生引入一定的问题情境，通过对数学问题的反思质疑进行数学学习，这是一种有效学习数学的方式。其中，反思的知识、技能与内容是数学反思的核心要素，这些要素是在数学反思体验的基础上形成发展起来的。反思性教学模式可以真正让学生学会自我反思、质疑、创新，通常分为五步进行：第一步是反思学习结果和过程，第二步是自我评判过程，第三步是察觉和界定问题过程，第四步是确定对策和实践验证过程，第五步是总结提高过程。

一、"边边角"的研讨

（一）案例背景

本案例是人教版数学教材八年级上册数学第十二章《全等三角形》第二节"三角形全等的判定"的内容。

 思考

如图12.2-7，把一长一短的两根木棍的一端固定在一起，摆出△ABC。固定住长木棍，转动短木棍，得到△ABC。这个实验说明了什么？

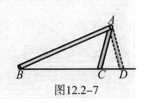

图12.2-7

图12.2-7中的△ABC与△ABD满足两边和其中一边的对角分别相等，即AB=AB，AC=AD，∠B=∠B，但△ABC与△ABD不全等，这说明，有两边和其中一边的对角分别相等的两个三角形不一定全等。

由于课本有给出典型的反例，明确地说明"边边角"不能作为三角形全等的判定定理。但是在应用过程中，不少学生都错误使用了"边边角"，说明不少学生对这个命题的理解比较片面，不够透彻，需要进行更深一步的研讨。结合错题经验，有学生提出疑问，既然课本用了"不一定"这个词，说明在某些条件下"边边角"可以判定三角形全等，某些条件下不可以。那到底"边边角"能否判定三角形全等呢？同学们对此进行了辩论。

（二）教学实施

1. 确定论题

论题1："边边角"不能判定两个三角形全等。

理由：根据课本上的说法，这个命题不能完全作为三角形全等的判定定理。

论题2：只有在某种特殊三角形中，"边边角"可以判定全等。

理由：特例往往是存在的。

论题3："边边角"能否判定三角形全等由两个三角形形状和对应角的特征而定，有时可以，有时不可以。

理由：根据以往的探究经验，应对各种情况进行分类讨论。

……

学生的几种看法基本都是基于自己做题时遇到的情况而定的，并没有更深入地思考这一命题是否适用于其他情况。从根本上来说，学生知道三角形形状有多种类别，但在看到"三角形"一词时，一般很少对它分类看待，反而会选用自己最熟悉、最习惯的某种三角形形状来思考，无形中就对这个命题的主角"三角形"限制了可能性。

因此，辩论的关键点在于：条件所指具体是什么？仅用"边边角"来描述是否完整、准确？

2. 辩驳互论，相互质疑

辩驳1：如果在两个三角形中，有两条边和其中一边的对角分别对应相等，那么不能判定这两个三角形互为全等三角形。如课本展示，这两个三角形明显不全等。

辩驳2：如果两个三角形都是直角三角形的情况，可以直接用"斜边直角边"或者是通过"勾股定理"转化为"边边边"去判定全等。这说明在两个直角三角形的特例下，"边边角"可以判定全等。

辩驳3：不一定只有直角三角形时成立，其他情况也有可能。如在"两条边和其中一条边的对角是钝角"的情况下，"边边角"可以证明三角形全等；可以作一条高，先证明两个小直角三角形全等，然后可知高相等，再证明另外两个小直角三角形全等；即已知"边边边"，便可以证明三角形全等。

辩驳4：既然"两条边和其中一条边的对角是钝角"这种情况可以，那通过类比就可以证明两个锐角三角形也可以用"边边角"证明全等。

3. 完善论点，释疑解惑

若两个三角形无法利用三角形全等判定定理来判断全等与否，条件指向"边边角"时，不能盲目下结论，需要审清题意，明确对应角和三角形形状的特征。我们需要根据两个三角形的情况进行细致的判断，分情况确定，不能一概而论。

（三）案例反思

这个论题很好地印证了"审辩式思维"的首字——审，只有审清了命题所含的所有意思，才有辩的可能，才会给思维充足的空间去质疑、去思考。

本案例学生进行了较充分的辩论。通过辩论，学生收获的不仅是这个命题的真假与否，更重要的是经历了"审辩"的过程，体验了"审辩"这种思维方式。一方面，"辩"是一种语言上的行为，是"辩论""辩驳""讨论"，它能让学生将自己的看法加工后，按照自己的思路表达出来，将自己对事情的认知充分地传递出来；另一方面，"辩"是一种思维上的碰撞，是"辨别""分辨""改变"，在"辩"的过程中，学生的思维随时运转，找寻有利于自己的论据，也会随着对方的论点而及时改变自己的看法，重新审视自己的论点。这样快速更新的信息和知识，使得学生有充足的获得感和成就感，渐渐地学生会习惯性地进行思维上的"审辩"行为，继而将这种思维习惯迁移到生活、学习等各个方面，对学生今后的发展有着积极的导向作用。

二、鸡兔同笼

（一）案例背景

五年级上册数学北师版《鸡兔同笼》的题目素材（如图 4-3），同样也出现在初一数学的课本上，只不过解决问题的方法不同，小学用算术，初中用方程。

北师版《鸡兔同笼》教材

尝试与猜测

● 鸡兔同笼，有9个头，26条腿。鸡、兔各有几只？

"鸡兔同笼"问题出自我国古代数学名著《孙子算经》。

图 4-3

小学算术的方法：

①9×2＝18（假设都是鸡）

26－18＝8（剩余的两脚兔的脚数）

8÷2＝4（兔子数）

9－4＝5（鸡数）

②26÷2＝13（砍去一半的脚）

　13－9＝4（剩下的1只鸡1只脚，1只兔子2只脚，多兔子）

9－4＝5（鸡数）

中学方程的方法：

①列一元一次方程

解：设兔有 x 只，则鸡有（35－x）只

$4x+2（9-x）=26$

解得 $x=4$

∴ 鸡有 9－4＝5（只）

②列二元一次方程组

解：设兔子有 x 只，鸡有 y 只

$$\begin{cases} x+y=9 \\ 4x+2y=26 \end{cases} \quad 解得 \quad \begin{cases} x=4 \\ y=5 \end{cases}$$

（二）教学实施

1. 确定论题

通过"鸡兔同笼的算术法与方程法"对比，你认为对于应用题的处理，_____方法更方便，因为_____。

这是一个开放性命题，目的是激发学生研究的积极性，各小组可以

根据自己的理解，形成属于自己的命题。

各小组上课展示前递交的数据中，有 30% 的小组认为算数方法更为方便，有 50% 的小组认为方程方法更为方便，有 20% 的小组认为要视"情况"而论，且 15% 的小组并没有给出"情况"的明确内涵。但无论哪种结论，其理由和支持都不尽相同。

结论 1：

论题：对于应用题的处理，算数方法更简便；

理由：鸡兔同笼的问题，只要列 4 个算式就可以，而方程求解太麻烦。

保证：任何应用题都可以列算式解决。（小学经验）

结论 2：

论题：对于应用题的处理，方程方法更简便；

理由：鸡兔同笼的问题，算式易解但难列，而方程很容易列出。

依据：任何应用题都可以转化为方程问题。（笛卡尔语录）

结论 3：

论题：对于应用题的处理，采用方程还是算术，要视情况而定；

理由：鸡兔同笼的问题，算式易解但难列，而方程易列不好解。

保证：任何事情都有两面性。（唯物辩证理论）

……

综上所述，无论哪种主张，都是学生自身经验的结果，虽然还停留在"就事论事"的表层阶段，但已揭示了方程和算术在处理问题上的基本异同，那就是算术好算难列，而方程是好列难解。

2. 质疑反驳，随要害推进

由于本案例中的"主张"是学生自主设定的，因此，如果课上针对每个主张中的"理由"和"保证"都进行质疑和反驳，必然会偏离主题，沦陷于细节。质疑一定要切中要害，而本次案例中，方法是否简便，是针对应用题的处理，而学生面对应用题时感觉最困难的是什么呢？是将应用题中的数量关系转化为算术或方程，所以本次质疑中的要害就抓住了：算术法是如何将数量关系转化为一个算式的，它简便吗？方程法又是如何将数量关系转化为方程的，它简便吗？……

反驳第一层：通过鸡兔同笼的算术和方程对比，方程法比算术法更便于理解。

"鸡兔同笼"中有 4 个算式，每个算式都要变换背景去理解，而且理解起来枯涩难懂，可是这些算式到了方程中却成了不需要理解的常规解法步骤：移项、合并同类项、系数化为 1，不仅减少了数量关系转化的频率，而且借"消元思想"解释了"为什么要把鸡想象成四条腿的兔子"或"把兔子想象成两条腿的鸡"这种不合常规理解的原因。如图 4-4 所示。

"鸡兔同笼"的算术和方程对比。

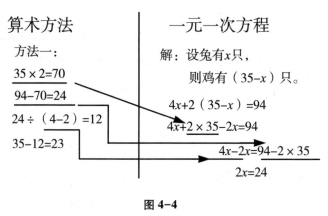

图 4-4

反驳第二层：揭示数量关系更易转化为方程或方程组的原因。

由于在"鸡兔同笼"问题中，鸡和兔子的只数都不知道，所以列算式就只能通过减少变量、逆向思考的方式，把它们都想象成兔子（或鸡），然后通过差值来判断兔子的只数，但是在方程中却不必如此，当鸡或兔的只数不知道时，我们可以先用字母 x 或 y 代替，然后按照题目中的数量关系转化为方程或方程组即可。也就是说，字母参与运算是数量关系更易转化为方程或方程组的主要原因。

"鸡兔同笼"的数量关系转化为方程

$$\begin{cases} 鸡数*1\text{头}+兔数*1\text{头}=35 \\ 鸡数*2\text{脚}+兔数*4\text{脚}=94 \end{cases} \xrightarrow[\text{鸡有 } y \text{ 只}]{\text{设有兔子 } x \text{ 只}} \begin{cases} x+y=35 \\ 4x+2y=94 \end{cases}$$

反驳第三层：通过"鸡兔同笼"得到方程法更简便，能否说对于所有应用题的处理，方程都会比算术简便呢？

"事物都有两面性"，不能仅仅依赖特例就得出一般结论。例如：应用题"商店运来 500 千克水果，其中有 8 筐苹果，剩下的是梨，梨有 300 千克，每筐苹果重多少千克？"的处理，需要列方程吗？

方程法简便的原因是字母代替未知数参与运算，所以若数量关系中的未知数不需要参与运算，则算术法简便；若未知数参与运算，则列方程简便。

反驳第四层：对于应用题的处理，除了方程法，还有其他方法能简便处理应用题吗？

应用题的处理，除了方程法，还有不等式、函数等方法。

3. 形成新主张，客观严密

通过对新朋友"方程"和老朋友"算术"的对比论证，初一学生从质疑到接受，真正认同方程学习的价值，同时形成了比课前准备更为完整和严密的新主张："方程因字母代替未知数参与运算，所以对于应用题中数量关系的表达会更简便，方程也被称为解决实际问题的基本模型，但是对于未知数不参与运算的应用题，算术法也不失为一种好方法。"

三、辩论研讨式教学模式的实践反思

辩论研讨式教学同常规教学中采用的"三段论"论证模式相比，有四个不同之处，而这不同之处都体现着图尔敏模型在培养审辩方面所具有的优势。

①关注点不同。"三段论"中的大前提已经被确定，被断言为"事实"，无须再进行证明或证实，所以"三段论"更关注"事实"所推出的结论，而图尔敏模型不同，在它那里"主张"是不确定的，是需要修正和完善的，所以图尔敏模型更关注提问或讨论，这就使得论证变成了一种提问、讨论、说明、解释，而不是命令、规定、宣传或指示。

②论证的方式不同。"三段论"论证是静止的，它的三个部分都已经固定在那里；而图尔敏模式论证是进行式的，从"理由"到"结论"必须经过"保证"，"保证"则是一座有待论证者自己去架设的桥梁。

③环节的完整度不同。"三段论"中的"大前提"往往在命题表述中被省略掉，这使得论证分析变得困难，不易产生质疑；而图尔敏模型是不允许省略某个要素的，这让审辩更容易有的放矢。

④论证所采取的语气或模态限定不同。在"三段论"论证中，"结论"一般都是肯定的、不需要质疑的，但在图尔敏模型中，结论往往需要语气限定，如添加"一般情况下""在很大程度上"等限定语，以便结论的内涵更灵活、更理性，也更全面。

总之，以图尔敏模型为基础的辩论研讨式教学进入中国课堂后，学生逐步开始自己质疑、自我审辩并搜寻相关资料或素材，进行逻辑性组合，进而论证自己观点或他人所要求的观点，这种尝试让质疑不再定势和被动，审辩意识真正有了自己生存的土壤和空气。

第三节　实验探究式教学模式案例

数学实验不同于物理、化学、生物等实验，数学实验的本质特征体现为借助一定的物质工具，在数学化的思维指导下，通过实验操作解决问题的数学实践。

实验探究式教学模式，是指以数学中质疑的问题或观点为研究对象，通过实验操作或论证的方式探究出质疑的现象和问题的本质，从而得出结论的过程。

"实验探究法"被称为理科教学的基本方法。英国科学教育运动倡导者阿姆斯特朗认为："实物教学或演示实验不管有什么样的价值和效果，都无法与发现式的实验教学相比拟"。"只有通过观察、实验来探究事物和现象的运动规律，才能从本质上理解科学"。

实验探究教学也会激发学生对数学的求知欲、探索欲和创造欲，学生在学习数学的过程中，通过观察和自己动手操作对数学有关的知识结构和猜想进行验证，在原有知识的基础上构建新的知识理论体系，学习新的数学理念，总结数学新规律，逐渐形成学生勇于探索、科学求知的良好品质，锻炼学生的思维能力，促进学生的综合发展。

实验探究式教学模式一般流程如图4-5所示。

第一步，提出实验课题：通过现实生活中遇到的问题，识别出可以通过实验来探究的问题；

第二步，实验建模：根据要探究的问题，建立数学模型，然后通过"头脑风暴"选取合理的实验内容，并预设实验结果；

第三步，预设方案：根据实验预设，设计实验方案及具体步骤，明确要达到的目标；

第四步，实验循证：根据实验方案，进行程序测试，发现问题及时解决，并优化实验方案，直至得到准确结果；

第五步，实验报告及应用：分享实验过程，展示实验成果，应用实验结果解决实际问题。

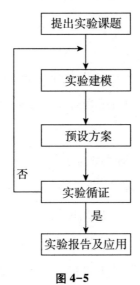

图 4-5

一、平行四边形的判定

（一）案例背景：

人教版八年级下册数学第十八章《平行四边形》中《平行四边形

的判定》一节的相关内容，学生学习了平行四边形的几种判定定理，都是从边、角、对角线几种定理角度出发；包括定义"两组对边分别平行的四边形是平行四边形"，四个判定定理"两组对边分别相等的四边形是平行四边形""一组对边平行且相等的四边形是平行四边形""两组对角分别相等的四边形是平行四边形""对角线互相平分的四边形是平行四边形"。这几种判定方法，大多数都是从"边"或"角"的关系角度出发来判定平行四边形的。但是另外几种边、角的条件组合却没有提到，如命题"一组对边平行，另一组对边相等的四边形是平行四边形"。有学生认为另外几个命题有真命题也有假命题，有学生提出问题：这几个命题既然未作为判定定理出现在课本中，说明它一定是假命题。为了解决学生的质疑，我们需要进行实验、论证，从而得出结论。

（二）教学实施

1. 确定命题，整理汇总

学生将边、角的条件两两组合成为一个新命题。收集学生写出来的命题，进行整理汇总，形成如下四个命题。

命题1：一组对边平行，另一组对边相等的四边形是平行四边形；

命题2：一组对边平行，一组邻边相等的四边形是平行四边形；

命题3：一组对边相等，一组对角相等的四边形是平行四边形；

命题4：一组对边平行，一组对角相等的四边形是平行四边形。

2. 实验操作，论证真伪

学生先独立思考这四个命题的真伪，动手画出符合命题条件的图形，探究实验，若认为是假命题，尝试找出反例说明。

命题1：一组对边平行，另一组对边相等的四边形是平行四边形。

这个命题的判断过程比较简单，学生能够独立完成。符合命题1条件的四边形不一定是平行四边形，也可能是熟悉的等腰梯形。有的学生通过尺规作图或是几何画板寻找反例，如图所示，先画出平行四边形 *ABCD*，再通过作圆找到另一条与 *AB* 相等的线段 *CD* 即可；总之，学生通过实际操作证明命题1是一个假命题。

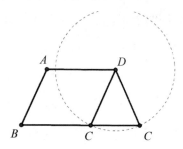

命题2：一组对边平行，一组邻边相等的四边形是平行四边形。

学生借鉴命题1的论证方式，符合命题2条件的可能是平行四边形，也可能是一底一腰相等的梯形，命题2是一个假命题。

命题3：一组对边相等，一组对角相等的四边形是平行四边形。

这个命题的证明略有难度，学生独立思考后，画图实验了很多次，尝试了很多种图形，都没有找到反例。至此，有40%的学生认为这是一个真命题，也有30%的学生持质疑态度，认为是假命题，另外30%学生没有明确结论。为了打破这一僵局，学生进入了相互研讨阶段，进行了充分地讨论，交流借鉴，教师予以了适当的引导。命题3是四个命题中证明难度最大的，是学生们这节课研讨的焦点问题。通过研讨，学生将问题聚焦为：保证一组对边相等可以通过画圆做到，那如何保证一组对角相等呢？借助什么工具呢？学生交流了意见后，借助几何画板找到了反例。

第1步，画平行四边形 *ABCD*。

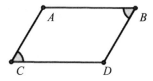

第2步，以 *A* 为圆心，*AB* 长为半径作圆。

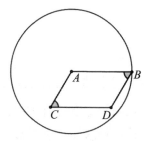

第3步，作过点 *A*、*B*、*D* 三点的圆。

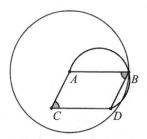

第4步，小圆和大圆的另一个交点是 *E*，连接 *AE*、*DE*。

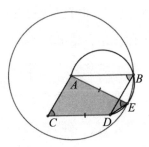

易证，*AB* = *AE* = *CD*，∠*B* = ∠*E* = ∠*C*，符合命题条件"一组对边相等，一组对角相等"，但四边形 *ACDE* 明显不是一个平行四边形。由此分析论证出命题3是假命题。

命题 4：一组对边平行，一组对角相等的四边形是平行四边形。

这个命题是学生在日常练习题中遇到过的判断题，画简单图形即可证明。学生利用"两直线平行，同旁内角互补"定理，可以将条件进一步推到"两组对边分别平行"，这是一个真命题。命题 4 可以转化为课本现有的判定定理，本质上是一样的。

3. 完善认知，释疑解惑

通过对这四个命题的真伪论证，学生明白了课本上没有出现的命题可能是真命题，和某一种判定定理蕴含的道理相同，也可能是假命题。学生对判定平行四边形的几个判定定理有了更深刻的认识，在使用中会更加灵活，也体会到它们都是最简洁、最直接的证明方式，体现了数学的简洁之美。

（三）案例反思

实验探究式教学模式是以"以学生为本"的教学理念为指导，学生在教师的引导下，运用已有的知识和技能，充当新知识的探索者和发现者的角色，学生通过思考质疑，分享问题，辩论研讨，操作实验，达到释疑解惑的目的，去探索问题和解决问题的一种教学模式。这种教学模式有利于发挥学生的主体作用，培养学生的学习兴趣，有利于充分挖掘学生的潜力，培养其创新思维能力，这种教学模式十分活跃，与其他教学模式相比，更受青少年学生的喜爱。

实验探究式是一种学习方法，强调学生自己不断发现问题、解决问题，在这个过程中获取知识，体会科学方法，受到情感态度及价值观的熏陶。实验探究式是一种精神，它贯穿于整个学习过程中，教师要想尽一切方法调动学生探究新知识的积极性，学生会体会到主动探索某些问题的乐趣，这比被动接受知识更具有成就感、收获感。学生的主观能动性是非常重要的，它可以使学生质疑问题的意识得到发展，锻炼分析问题、研讨问题、解决问题的能力得到提高。

学生通过审辩式思维，基于合理质疑，对已有的认知进行重新构建，判断标准的建构，自我校准和评估，恰到好处的留白，实现审辩式思维与数学命题的有机结合，培养发展学生审辩式思维，促进学生数学核心素养的发展和提升。在实际教学中，知识层面的内容、课堂组织形式、具体教学过程等均可表现出来，但思维难以呈现，审辩式思维可将这一思维过程具象化、可视化。

二、用描点法探究函数图像

（一）案例背景

本节课属于八年级上册数学第十四章一次函数的内容，全章分为四个单元（变量与常量、一次函数、用函数观点看方程与不等式、课题学习），本节课是第一单元变量与函数的第三课时。前两课时是变量与函数，第三课时用描点法画函数的图像，本节课是在学习了函数概念之后，将变量的值与点的坐标联系起来，从而引出用描点法画出函数的图像。

（二）教学实施

1. 确定命题，整理汇总

有些问题中的函数关系很难通过列式子表示，但是可以用图像来直观地反映。例如，用自动测温仪记录的图像表示气温与时间的关系。图 4-6 是自动测温仪记录的图像，它反映了北京春季某天气温 T 如何随时间 t 的变化而变化。你从下图中得到哪些信息？

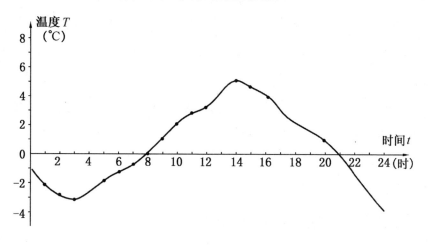

图 4-6

注：挖掘和利用现实生活中与函数图像相关的背景，让学生在观察背景中认识、体会图像上每一个点的横纵坐标分别代表一对自变量和函数的对应值，为理解函数的图像做好铺垫。

即使对于能列式子表示的函数关系，如果通过画图表示则会使函数关系展现得更为清晰，点出本节课的学习内容：函数的图像。

一般来说，对于一个函数，如果把自变量与函数的每个对应值分别作为点的横、纵坐标，那么在坐标平面内由这些点组成的图形，就是这个函数的图像。通过图像，我们可以数形结合地研究函数。

引出实验课题：用描点法画函数图像。

2. 实验操作，探究性质

用描点法画出函数 $y = x + 2$ 和函数 $y = x^2$ 的图像，并思考。

①两个自变量的值之间插入一个中间值，继续加密描点，体会点的坐标可以是分数。

②点的横坐标可以是无理数吗？为什么？应该怎样描点？（近似值）

③描出尽可能多的点，就能够形成函数的图像吗？

按照函数变化的趋势，用平滑的线将点连起来，并思考：如果

点（1，m）在函数图像上，m 的值为多少？如果点（a，3）在函数图像上，a 的值是多少。

3. 完善认知，释疑解惑

列表前应先分析 x、y 的取值范围，想一想图像在第几象限，先估计一下图像的大约分布再建立坐标系，取点要有代表性，能看出变化趋势就可以连线了，若看不出变化趋势，应该插入更多的点。

画函数图像的一般步骤是：

第一步：列表（表中给出一些自变量的值及其对应的函数值）；

第二步：描点（在直角坐标系中，以自变量的值为横坐标，相应的函数值为纵坐标，描出表格中数值对应的各点）；

第三步：连线（按照横坐标由小到大的顺序，把所描出的各点用平滑的曲线连接起来）。

三、一元二次方程的解的估计

（一）案例背景

案例题目是"一元二次方程解的估计"，选自义务教育青岛/泰山

版九年级上册数学第三章《一元二次方程》第一节第二课时。本节教材安排在引入一元二次方程的概念之后，学习解一元二次方程的配方法、公式法和因式分解法之前，内容是运用实验的方法，借助于二分法具体估计出一元二次方程的实数解。

（二）教学实施

① 提出实验课题。

教师拿出一个礼物："同学们，今天老师带来了一件小礼物，送给谁好呢？"（略微停顿一下）学生的注意力一下子就会被吸引过来——"谁先猜中礼物的价格，就送给谁"，游戏规则是：教师只对学生猜的价格做出与实际价格"高了"或"低了"的判断，除此之外没有其他暗示性的条件，学生可以在不断地猜测中调整自己猜测的价格。

如学生说"200 元"，教师回答"高了"，即猜的价格比礼物真实的价格高了，礼物的价格要比 200 元低；于是学生第二次就会在低于 200 元的范围内再猜一个价格，如 100 元，教师再次根据学生猜的价格进行"高"或"低"的判断，……，如此反复，直至学生猜出礼物的真实价格。但是，礼物只有一个，因此游戏中不仅要猜出真实价格，还要尽快，即猜的次数越少越好。

设计说明：教师将电视中的竞猜游戏引入数学课堂，使得学生兴趣满满，同时从游戏中提取数学实验课题，即如何通过两数"高""低"的比较，最快地找到隐藏的真实数据。

② 实验建模。

学生积极参与猜价格大战，同时开始寻找猜的价格与真实价格之间存在怎样的数学关联，大量的价格在被否定的过程中，学生也在不断地逼近礼物真实的价格。

a. 引导学生思考：这是一个关于什么数学知识的问题，我们在使用什么样的数学模型在逐步解决着这个问题？

学生梳理实验的过程，并将整个实验过程绘制成表格来呈现（见表4-2），但并不容易发现其内在规律，将其按照猜的价格从大到小的顺序排列，重新绘制成表格4-3，由此发现我们通过对价格的猜测，从而不断缩小猜测的范围，直至缩小到只有真实价格这一个数据为止。

表4-2　实验数据记录表

猜的顺序	第1次	第2次	第3次	第4次	第5次	…
猜的价格	200	100	180	120	150	…
与实际价格比较	高了	低了	高了	低了	低了	…

③ 预设方案。

通过以上实验分析，学生很容易发现他们是用"观察—检验"的方法逐步地确定价格的范围，于是采用最基本的实验方法——观察—检验法来设计实验探究的方案，并考虑到使用多媒体进行整理、统计、计算、展示实验数据的策略。

④ 循证分析。

在不断使用"观察—检验"这种基本的实验方法进行价格范围缩小的过程中，在一次次统计猜测价格的过程中，一个问题自然而然地出现：如何快速缩小价格的范围？怎么猜的数据最有效？

表4-3　排序后的实验数据记录表

猜的顺序	第1次	第3次	第5次	…	第4次	第2次
猜的价格	200	180	150	…	120	100
与实际价格比较	高了	高了	低了	…	低了	低了

学生组成小组，进行交流讨论和实验论证。

经过数次的实验，学生发现，对于 100~200 元的范围，不管我们猜测哪个价格，都能把原来的范围 100~200 元分成两个部分。如果我们猜测 150 元这个中间值，我们将把 100~200 元这个范围均等分；如果我们靠近一端猜价格，分成的两部分必然不均等，那么缩小后留下的范围也不一样。如果我们能知道真实的价格更偏向哪端，那么我们可以猜测更靠近那一端的价格，来缩小更多的范围；如果我们不能确定真实价格的走向，那就取平均值来均分范围，取中间值均分范围的方法也是缩小范围常用的方法——二分法。

⑤ 实验报告及应用。

a. 在明确了"二分法"之后，学生重新用"二分法"估计出礼物的价格。学生将实验过程和实验结果，以及探索出的方法写成实验报告作为当天的作业上交给老师（见图 4-7）。

b. 要求学生类比刚才的方法，自己解决下面的问题。

问题：某地开辟了一块长方形的荒地，新建一个以环保为主题的公园，已知这块荒地的长是宽的 2 倍，它的面积为 400000 平方米。那公园的宽大约是多少？它有 1000 米吗？如果要求误差小于 10 米，它的宽大约是多少？

c. 让学生在小组内展开交流：怎样对实际问题进行估计？估计的一般步骤是什么？有哪些估计的方法？哪种估计的方法比较简便？

实验：估计数值的方法

一、实验目的：探究估计数值的方法——二分法。

二、工具：图形计算器，几何画板。

三、实验方法和步骤：

1. 初步感悟，得到估计数值就是估计数值的范围；

2. 总结估计范围的一般方法——"观察—检验法"；

3. 小组合作，探究缩小范围的一般方法——"二分法"；

4. 拓展应用，求解一元二次方程的解。

四、实验记录（略）

五、实验结论：用"观察—检验"的方法确定估计的范围；用"二分法"缩小估计的范围。

六、我的更多发现：

其实"二分法"并不是缩小估计范围最快的方法，"0.618 黄金分割法"更快。

图 4-7

四、实验探究式教学模式的策略意义

（一）实验探究模式有助于知识的理解与记忆

传统讲授式教学会把结论明确地告诉学生，学生没有参与新知识的发现过程，学生只是通过接受的方式机械地获取新知识的，并以记忆的方式来记住结论。在实验探究教学模式中，要学习的内容没告诉学生，而是学生通过动脑设计、动手实践、质疑发现而得到的，最后由学生动口阐述结论，并在交流中"发现"得以共享，用这种方式学习，学生对知识记得更牢、更准、更加理解，特别是对于学习有困难、逻辑推理能力较弱的学生，帮助更为明显。

（二）实验探究教学有利于诱发学生的良好学习动机，促进学生主动学习

传统授课往往忽视诱发学生的学习动机，更多地依赖对知识精讲细讲、机械训练来完成对新知的同化与顺应，而实验探究教学中的学生却在实验的真实体验中逐渐诱发出自身的学习动机，进而学习动机促进了学习，在探索中发现并获取数学知识，反过来又激发学生良好的学习动机。

（三）数学实验探究教学模式有利于促进学生正确数学观的形成

在实验教学中，学生认识到数学不是公式、定理的简单汇集，而是要交流讨论，数学是一门语言，要用到计算机等科技手段来学习知识；数学是技术，数学不是以逻辑推理为最终目的，模仿和记忆不是唯一和主要获取知识的途径，实验、观察是数学的重要实践途径。

（四）数学实验探究教学对学生的直觉思维培养有利，但对逻辑思维的培养不是很突出

数学实验探究教学是现代数学和现代教育理念发展的必然结果。这种新型的数学教学模式让学生在数学学习中真正了解"发现真知、发现自己、发现过程、发现质疑"的意义，是传统教学模式的有益补充，具有强大的生命力。

第四节　思维可视化教学模式案例

　　思维导图式教学模式是以思维导图的绘制、讨论、修正与完善为教学主线，通过思维导图的个性分享与相互质疑，发现问题构成或解决的路径和逻辑，从而优化思考过程、促进思维发展的教学范式。

　　思维导图式教学模式实施的关键是对数学知识和方法的深度理解和把握。第一步，确定主旨、绘制导图。此环节一般放在课前预习中完成。即在预习环节中，要求学生利用教材和学习资料，筛选出概念、法则或方法中的主干和支干，以此作为构建思维导图的根基或中心，然后用线条及文字将基点与各个节点或节点与节点之间连接，初步构建出思维导图的框架。这样，学生在预习中对整个教学内容有了清晰的了解，同时教师也可以从学生上交的思维导图中发现学生的问题和难点所在，及时调整课堂教学策略和重点，提高课堂的效率和教学深度。

　　第二步，展示导图，交流完善。学生将预习中设计的导图在小组内进行相互展示和交流，并绘制出代表本组共同意愿的思维导图，由组长（或其他组员）在班内向全体师生进行汇报讲解，同时提出本组不能解决的问题或还存在的疑惑，同老师或其他组学生进行交流和研讨。

　　第三步，教师点评，完善导图。教师针对各小组的问题和导图中每个节点的内容，进行逐一梳理、组织和分析，拓展相关知识要点，由点到面，组织整个内容体系，使复杂抽象的内容能够层次清晰地表达出来，使学生可以准确把握学习内容的要点和核心，进一步增强知识点之间的逻辑性，同时完善导图的设计。

第四步，应用导图，创新思考。学生根据自己对思维导图的理解和掌握，应用到以往有难度的问题或开放性问题的解决中，体验导图在启发思考和创新思考中的价值，同时让学生充分表达自己的观点，培养学生的审辩式思维和创新性思维的能力。

思维可视化教学模式的一般流程

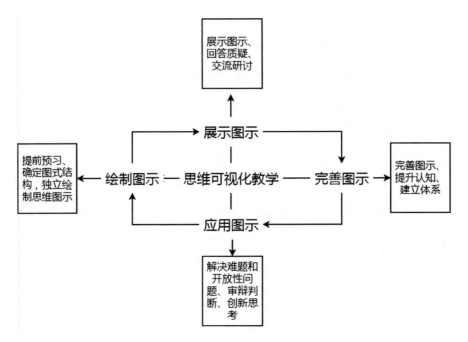

一、探究函数 $y=ax^2$（$a\neq0$）的图像和性质

（一）教学背景

本节课是人教版九年级上册数学第二十二章二次函数的第二节内容，这节课之前，学生已经学习了一次函数的内容，经历了一次函数图像和性质的探究过程，所以本节课可以对比一次函数的探究过程，确定

二次函数的探究思路和探究方法。在一次函数的图像和性质思维图示的基础上，通过对比建立起两个函数在探究思维及方法上的联系，从而得到二次函数图像和性质的思维图示，并在其指引下进行系列探究过程。这是学生基本活动经验的总结及应用。本节课的重点是掌握用描点法画 $y = ax^2(a \neq 0)$ 图像的方法，经历从特殊到一般研究函数的图像和性质的过程，体会数形结合的数学思想，并积累基本活动经验。

（二）教学实施

1. 展示复杂问题，绘制思维图例

问题1：探究函数 $y = ax^2(a \neq 0)$ 的图像和性质。

师生共同回忆一次函数研究思路，列出研究思路，并类比一次函数的研究思路确定二次函数的研究思路。

一次函数图像和性质的研究思路如下：

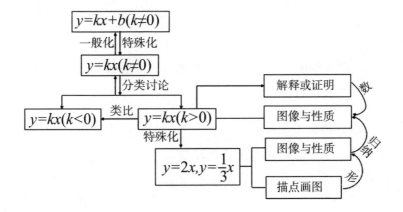

二次函数图像和性质的研究思路如下：

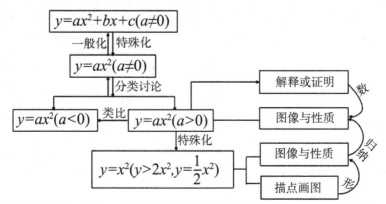

通过流程图对比一次函数图像与性质的研究思路，便于分析二次函数的研究思路。通过分析可知二次函数的研究方法为数形结合，研究顺序为由特殊到一般，明确研究任务的关键点是描点画图。

2. 分析思维图示的关键点，引发思考和猜想

问题2：如何描点画图？

分析：我们从数和形两方面对它进行了研究（见表4-4），研究步骤为：

通过流程图把描点画图的步骤可视化，明晰操作任务，加深学生对二次函数图像和性质的探究方法的理解。

由 $y = x^2$ 解析式的特征分析函数图像。

表 4-4　从数形两方面研究画图

数	形
$x=0$ 时，$y=$_____	图像经过_____点
自变量 x 的取值范围_____； 函数 y 的取值范围_____	图像应该分布在第_____象限
x 取互为相反数的两个值 $\pm a$ 时， 函数 y 的值_____	图像_____

由解析式的特征分析猜想图像的大概特征，便于学生对函数图像形成初步印象，由数值的特点可以知道图像是对称的，只需先画出 $x \geq 0$ 的图像，再对称到 $x \leq 0$ 范围内即可，从而简化画图活动。用表格形式可使分析内容条理清晰、有层次（见表 4-5、4-6）。这是从"由数估形"角度对"形"的理解。

画图像验证猜想（列表、描点、连线）。

表 4-5　$x \geq$ 时 y 与 x 的对应关系

x	…	0.2	0.4	0.6	0.8	1	1.2	1.4	1.6	1.8	2	…
y	…											…

表 4-6　$x \geq$ 时 y 与 x 的对应关系

x	-0.2	-0.4	-0.6	-0.8	-1	-1.2	-1.4	-1.6	-1.8	-2	…
y											…

师生共同描点、连线、画出图像，并利用几何画板展示和验证画图过程（利用对称性描出对称点），列表、描点、连线是画函数图像的基

本方法，也是学生思维过程可视化的重要环节。从学生画出的图中，可以分析出学生的认知错误，比如有的学生把图像画为图 4-8、4-9 所示的图像：

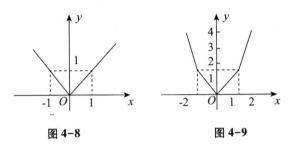

图 4-8   图 4-9

两个图中学生共同存在的问题是：取点太少，看不出图像的趋势。图 4-8 很显然沿用了直线的画法，图 4-9 用折线连接描出的点，这些错误出现的根本原因在于对"图像是由无数个符合要求的点形成的"这个本质的认识不够，因此，需要多取符合要求的点，这些点比较稠密地排列，明显呈现出一定的趋势；这样便于学生体会图像的特征，并体会"图像是由无数个符合要求的点形成的"这一道理。

利用函数 $y = x^2$ 的图像猜想函数性质。

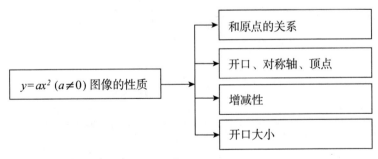

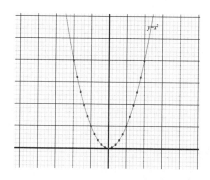

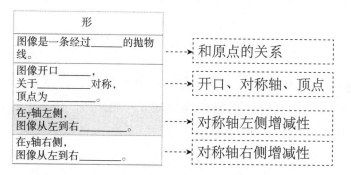

"有形助数"，验证"由数估形"的猜想，并从三方面由图像猜想 $y = ax^2 (a > 0)$ 的函数的图像和性质。

3. 借助思维图示，指导验证猜想

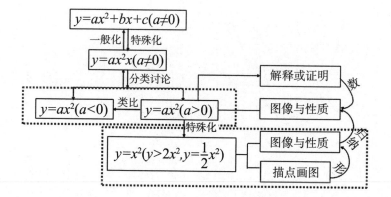

由二次函数的图像和性质研究思路可知：我们需多画几个 $y = ax^2(a > 0)$ 的特殊函数图像验证对图像和性质的猜想，并类比 $a < 0$ 的情况，由此提出问题：

问题3：画出函数 $y = 2x^2$，$y = \dfrac{1}{2}x^2$ 的图像，并利用图像验证函数 $y = x^2$ 的性质是否仍然成立？

问题4：思考函数 $y = -x^2$，$y = -2x^2$，$y = -\dfrac{1}{2}x^2$ 的图像与函数 $y = x^2$，$y = 2x^2$，$y = \dfrac{1}{2}x^2$ 图像的关系，并画出图像验证你的猜想。

通过思维图示的引导，学生提出问题，并利用图像验证自己的猜想。思维图示起到了指导学生思维发展方向的作用，使学生能清晰地知道思考的顺序和内容及思考的方法。

4. 解决问题，完善思维图示

六个函数的图像分布在同一个直角坐标系中，可以很清晰地体现函数图像之间的共同性质和区别，便于学生归纳总结性质。

学生从以下四方面完善 $y = ax^2(a \neq 0)$ 的性质。

六个图像及函数性质如下：

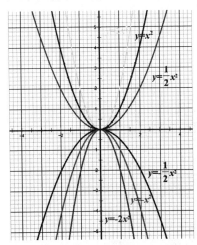

函数性质
图像是一条经过_____的抛物线。
$a>0$ 时图像开口_____， $a<0$ 时图像开口_____。 图像关于_____对称， 顶点为_____。
$a>0$ 时在 y 轴左侧，y 随 x 的增大而____。 $a<0$ 时在 y 轴左侧，y 随 x 的增大而____。
$a>0$ 时在 y 轴右侧，y 随 x 的增大而____。 $a<0$ 时在 y 轴右侧，y 随 x 的增大而____。
____的绝对值越____，图像开口越____。

利用表格把函数的性质及时整理出来，完善思维图示内容，达到可视化的目的，加深印象。

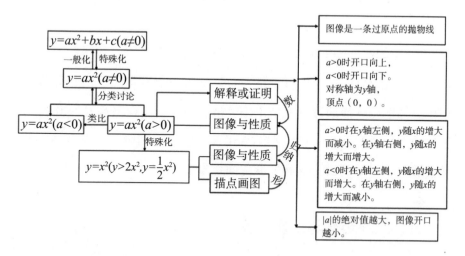

（三）案例反思

建构主义者认为：客观的知识结构通过个体与之交互作用而内化为认知结构；因此，通过思维可视图的绘制，实现知识构建，对深刻理解数学知识和进行数学探究活动具有明显的优势。

1. 制定探究活动的思维图示是一个知识结构化的过程

从探究活动的思维图示入手，通过对已知知识体系整理结构、对比制定清晰的探究方案，用思维图示统领指导探究活动，是本节课实施教学的关键。对学生来说，能够按自己的理解进行整理，用自己的话重新表达知识体系，通过做一个思维导图，形成自己所熟悉的、全面呈现的知识体系结构，既有利于教学活动的开展，又有利于学生自主学习并掌握。

2. 在思维图示下的探究活动思路比较清晰

在数学教学过程中，展示活动目标与内容，有利于引导学生掌握学习方向以及基本要求，明确解决学习"学什么"的问题和"为什么这样学"的问题。使用思维导图展示，简单明确、思路清晰，"学什么""为什么这样学"一目了然。

3. 处处体现思维可视化，便于对知识的理解及提升思维能力

训练数学思想和思维过程是初中数学的一个重要任务。本节课每一个环节都把思维活动过程或结论用表格、图像、流程图等表示出来，对思维的训练目的清晰，过程和结果可视，既可以清晰地表达思维走向，又能够寻求发展逻辑论证和发展空间想象能力。

二、二次函数与二次方程

（一）案例背景

《二次函数与一元二次方程》是人教版九年级上册数学第二十二章第二节第一课时的内容，本节课主要探讨二次函数与一元二次方程的关系，主要是用函数的观点看一元二次方程的问题。所谓用函数的观点看方程，就是从"数"和"形"两方面来看方程问题，从"数"的方面看方程就把方程看成函数值为某个定值时的情况，从"形"的方面看，就是交点问题。所以，研究函数与方程的关系是对函数应用的进一步深化。学生在学习一次函数时已经了解了一次函数与一元一次方程、一元一次不等式、二元一次不等式组之间的联系，本章专设一节，通过探讨二次函数与一元二次方程的联系，再次展示函数与方程之间的联系。这样既深化学生对一元二次方程的认识，又可以运用二次函数解决一元二次方程的相关问题，体现知识之间的联系。

（二）教学实施

1. 展示复杂问题，绘制思维图示

问题1：探究一元二次方程 $ax^2 + bx + c = 0(a \neq 0)$ 与二次函数 $y = ax^2 + bx + c(a \neq 0)$ 之间的联系。

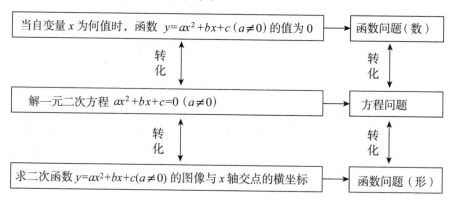

2. 分析思维图示的关键点，引发思考和猜想

从一般形式上来看，一元二次方程 $ax^2 + bx + c = 0$ 和二次函数 $y = ax^2 + bx + c$ 的相同点是表达形式都是二次三项式，都表示等量关系。区别是一元二次方程有一个未知数，二次函数有两个变量；一元二次方程通过解方程，能确定未知数 x 的值或无解，二次函数的两个变量 x，y 作为点的坐标能在平面直角坐标系中找到位置，形成图像，从而直观地体现出两者的关系。如果把一元二次方程的未知数看成自变量，0看成变量 y 的值，那么"解一元二次方程 $ax^2 + bx + c = 0(a \neq 0)$"的问题就可以看成函数问题"当自变量 x 为何值时，函数 $y = ax^2 + bx + c(a \neq 0)$ 的值为0"，可以看成函数问题"求二次函数 $y = ax^2 + bx + c(a \neq 0)$ 的图像与 x 轴交点的横坐标"，从而建立一元二次方程和二次函数之间的联系。这两个函数问题，一个是从"数"的角度，一个是从"形"的

角度提出的。这样，我们就可以通过二次函数这个工具利用数形结合来解决一元二次方程问题，其中的关键点是转化思想。

我们研究问题的一般方法是由特殊到一般，因此从具体的一元二次方程 $x^2 - 2x - 3 = 0$ 开始研究。

3. 借助思维图示，直到验证猜想

问题 2：请说明以下问题的区别与联系。

1. 当自变量 x 为何值时，函数 $y = x^2 - 2x - 3$ 的值为 0。

2. 解一元二次方程 $x^2 - 2x - 3 = 0$。

3. 求二次函数 $y = x^2 - 2x - 3$ 图像与 x 轴交点坐标。

学生尝试解决以上问题：在解决第一个问题时，发现图像与 x 轴交点坐标的纵坐标 $y = 0$，把纵坐标 $y = 0$ 代入二次函数 $y = x^2 - 2x - 3$，可得 $x^2 - 2x - 3 = 0$。在解决第三个问题时，发现用描点连线的方法画二次函数 $y = x^2 - 2x - 3$ 图像时，计算横坐标为 $x = -1$ 或 $x = 3$ 时，纵坐标 $y = 0$。没有取 $(-1, 0)$ 和 $(3, 0)$ 两点描点的学生在图像画好后，观察图像与 x 轴的交点，也发现交点的横坐标在 $x = -1$ 或 $x = 3$ 附近。

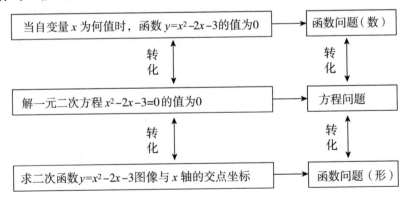

先从具体的函数与方程入手探究，把解方程问题与从"数"的角度提出的函数问题和从"形"的角度提出的函数问题进行比较，便于

学生理解，辨别本质联系，引导学生建立具体的二次函数与方程的联系。培养学生利用数形结合思考问题的意识。

学生根据图像结合自己的理解说明三个问题的区别和联系，教师根据学生的回答进行归纳。得出结论：三个问题提出的角度不同，但可以互相转化，实质上等同于一个问题。

因此，解一元二次方程近似解的途径有两种，一种是直接解方程，另一种是转化为二次函数问题，用二次函数的图像近似估算出方程的解。

4. 解决问题，完善思维图示

例如：解方程 $x^2 - 2x - 2 = 0$。

方法一：直接解方程（以公式法为例）

$a = 1$，$b = -2$，$c = -2$

$\Delta = b^2 - 4ac = 4 + 8 = 12$

$$x = \frac{-b \pm \sqrt{\Delta}}{2a} = \frac{2 \pm 2\sqrt{3}}{2} = 1 \pm \sqrt{3}$$

$x_1 = 1 + \sqrt{3} \approx 1 + 1.7 = 2.7$

$x_2 = 1 - \sqrt{3} \approx 1 - 1.7 = -0.7$

方法二：画函数 $y = x^2 - 2x - 2$ 的图像如图 4-10：

从方法二的图像中，可以估计图像与 x 轴的交点横坐标为 $x_1 \approx 2.7$，$x_2 \approx -0.7$。两种方法的答案近似，再次验证了解一元二次方程问题与二次函数问题的关系。

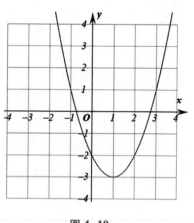

图 4-10

对于一元二次方程的变形式子，例如 $x^2 - 2x - 3 = -1$，我们用方程和函数的关系，可以把问题转化为函数问题（数）当自变量 x 为何值时，函数 $y = x^2 - 2x - 3$ 的值为 -1，或者函数问题（形）求二次函数 $y = x^2 - 2x - 3$ 图像与直线 $y = -1$ 的交点坐标，通过画图（见图4-11）求出方程解的近似值。

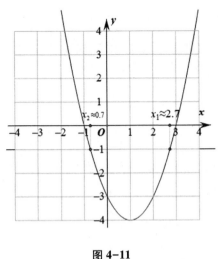

图 4-11

由此我们进一步完善一元二次方程和二次函数的关系。

（三）案例反思

思维可视化是指运用一系列图示或图示组合把本来不可见的思维（思考方法和思考路径）呈现出来，使其清晰可见的过程。被可视化的"思维"更有利于理解和记忆，因此可以有效地提高信息加工及信息传递的效能，是一种有效学习（工作）的策略。本节课采用思维可视化教学，与以往教学相比有着明显的优势。

①使用可视化的结构图，便于抓住思维重点。结构图聚焦一元二次

方程和二次函数两种不同视角下问题的相互转化，而淡化问题本身的解决过程，跳出了"解决"三个问题的局限，把思维的重点放在"关系"和"转化"上。

②采用思维可视化教学模式，对整理三个问题之间的关系和思维过程具有优势。结构图示直观地展现出一元二次方程和二次函数关系，使结构化的知识和关系成为核心，把思维可视化，有利于学生明确探究目标，明晰学习内容，进而模仿和学习，提高课堂效率。

③多种可视化工具的应用，使知识之间的联系直观化。本节课既用了结构图，又用了表格、图像、符号等可视化的工具，多角度、多方面灵活直观地体现了一元二次方程和二次函数的关系。

④采用思维可视化便于训练思维。《一元二次方程和二次函数》主要研究的是两者的关系，重点在问题角度的转化，这不同于对概念的认识、图像的研究，它是思维的转角，知识的融会贯通，会导致学生理解起来容易，但应用起来却比较生疏，采用可视化的教学模式为学生搭建思维基本框架，便于训练学生的思维。在代数部分，数形结合思想指导下以图像理解函数，是可视化的一个重要应用。

总之，在这节课中，可视化可以作为教学的有效工具，帮助学生直观地理解一元二次方程和二次函数的关系，使学生充分经历观察与验证的活动过程；从而在激发学生兴趣的过程中实现抽象思维水平的提高。

三、相似三角形

（一）案例背景

案例课题是《相似三角形》第一节，选自人教版九年级下册数学课本。本节内容主要是在学习了全等三角形后，进一步探索研究相似三角形的性质，从而达到对相似三角形的定义、判定和性质的全面研究。从知识的前后联系来看，相似三角形可以看作全等三角形的拓展，相似三角形的性质研究也可以看成对全等三角形性质的进一步拓展研究；另外相似三角形的性质还是研究相似多边形性质的基础，也是今后研究圆中线段关系的有效工具。

（二）教学实施

1. 确定主旨、绘制图示

提前让学生预习《相似三角形》的内容，对比《全等三角形》的学习过程，思考相似三角形的学习内容、学习结论、学习方法，并类比全等三角形的学习任务，整理出相似三角形学习的思维导图（见图4-12）。

2. 图示展示，交流完善

学生将预习中设计的图示在小组内进行相互展示和释疑，并绘制出代表本组共同意愿的思维图示，由组长（或其他组员）在班内向全体师生展示并汇报，诠释本组图示所体现的知识框架以及学习思路（见图4-13）。

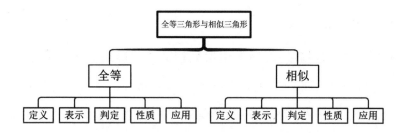

图 4-12

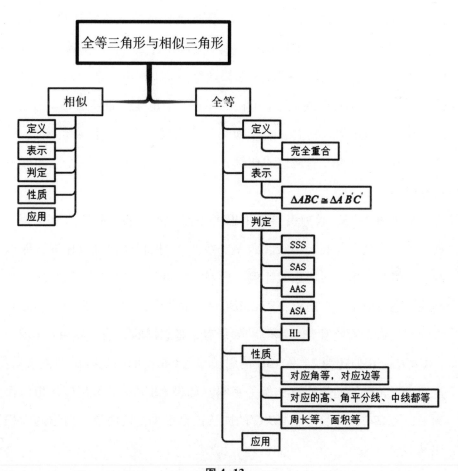

图 4-13

3. 应用图示、创新思考

利用图 4-13，教师引导学生探究相似三角形的定义：全等三角形的定义是完全重合的两个三角形称作全等三角形，也就是对应边相等、对应角相等，因此探索相似三角形的定义可否类比全等三角形的定义，从边角的关系来描述？

利用图 4-13，教师引导学生思考相似三角形的判定条件，判定三角形全等的思路是定形状、定大小，因此类比全等三角形判定的思路，相似三角形的判定重在定形状，那么需要满足什么条件能够确定三角形的形状呢？也就引出以下问题：如果两个三角形只有一个角相等，它们的形状一定相等吗？如果两个角相等呢？三个角呢？如果 $\triangle ABC$ 与 $\triangle A'B'C'$ 有两边成比例，它们一定相似吗？三边成比例，它们一定相似吗？如果 $\triangle ABC$ 与 $\triangle ABC$ 有两边成比例，任一角相等，那么这两个三角形一定相似吗？

利用图 4-13，教师引导学生思考相似三角形的性质，两个全等三角形的"三线"（高、中线、角平分线）、周长和面积对应相等，那么两个相似三角形的对应边成比例，会对"三线"、周长与面积有什么影响呢？也就引出一个问题：若 $\triangle ABC \backsim \triangle A'B'C'$，相似比为 m，它们对应的"三线"存在比例关系吗？如果有，是怎样的关系？如果 $\triangle ABC \backsim \triangle A'B'C'$，相似比为 2，$\triangle ABC$ 的周长与 $\triangle A'B'C'$ 的周长有比例关系吗？这两个三角形的面积比有比例关系吗？如果 $\triangle ABC \backsim \triangle A'B'C'$，相似比为 m，$\triangle ABC$ 的周长与 $\triangle A'B'C'$ 的周长比是多少？这两个三角形的面积比是多少？

这样建构起《相似三角形》一章完整的知识框架，不仅看到了与《全等三角形》知识的关联性，同时为后续的研究提供了方向和路径。

四、思维可视化教学模式的实践反思

（一）思维图示使教学思路更清晰

教师新课的教学思路关系到整个新课课堂的逻辑走向。教师教学思路越清晰，展示的知识发生发展逻辑就越清楚。思维图示可以帮助学生构建"内容框架"，完成对知识的梳理，并且轻松地找到新知识与旧知识的契合点，搭建新旧知识联系，引发类比思考或逻辑思考，发现其中的思想方法；也就是说，学生构建、完善、深化"思维图示"的过程就是自主体验知识发生发展逻辑、把握教学重难点、体会数学思想的过程。

（二）思维图示的局限性

教师利用思维图示可以熟悉教学流程，加强问题的针对性，学生利用思维图示可以激发思考、调动兴趣、串联知识逻辑线，但是对教学经验丰富、熟悉教学流程且提问指向明确的老师以及知识水平高、数学思维好的学生而言，思维图示的价值不太能体现出来，反而画蛇添足。

第五节 自我反思式教学模式案例

自我反思式教学，是在教学过程中将学生引入一定的问题情境中，通过对数学问题的反思质疑进行数学学习，这是一种有效学习数学的方式。其中，反思的知识、技能与内容是数学反思的核心要素。这些要素是在数学反思体验的基础上形成并发展起来的。反思式教学模式可以真正让学生学会自我反思、自我质疑、自我创新，它通常分为五步来进行：第一步是反思学习过程和结果，第二步是自我评判过程，第三步是察觉和界定问题过程，第四步是确定对策和实践验证过程，第五步是总结提高过程。

自我反思式教学模式的一般流程

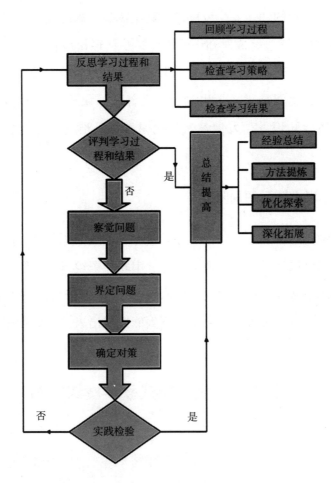

一、解分式方程

（一）案例背景

怎样在数学课堂中引导学生进行解题后的反思性学习呢？下面请看一个教学片段。

这是八年级上册《分式方程》的内容，学生对于方程的解法并不陌生，而对方程解的检验，一直到中考始终是部分学生难以理解的知识点。如何在课堂上引导学生通过自我反思，深刻理解增根意义是本节课的难点。

思考：

为什么 $\dfrac{90}{30+v}=\dfrac{60}{30-v}$ 去分母后所得整式方程的解就是它的解，而 $\dfrac{1}{x-5}=\dfrac{10}{x^2-25}$ 去分母后所得整式方程的解却不是它的解呢？

（二）教学实施

师：我们已经学会解整式方程，下面请同学们思考分式方程 $\dfrac{90}{30+v}=\dfrac{60}{30-v}$ 的解法。

生：全班 32 人，有 20 人给出了解法，大多数学生都能动手操作而且方法多样，学生的热情很高涨，最终得出的解法有去分母、通分、交叉相乘，把分式方程转化为会解的整式方程。

分析：学生在独立思考的阶段，通过反思以往方程的解法，与题目中的分式方程进行比较，很顺利地找到了突破口。学生已经很熟悉整式方程的解法，对于分式方程，学生会想办法把其转化为会解的整式方程来求解，学生联系原有的知识储备想到去分母、通分、交叉相乘等转化方法。这对于学生认识数学发展过程和知识的系统性有着至关重要的作用，充分锻炼了学生的自我反思能力、判断分析能力与评价能力。

师：下面请你继续解答分式方程 $\frac{5x-4}{2x-4} + \frac{1}{2} = \frac{2x+5}{3x-6}$，你有什么发现？为什么？

生：学生尝试用第一个问题中总结出来的方法去解决问题，有学生回答用十字交叉相乘的方法会遇到困难；有学生用通分的方法。

师：教师通过展示不同方法的过程，引导学生反思自己和其他同学方法的优劣，最终得出对于更一般的分式方程采用"乘最简公分母去分母"的方法较简单。

师：还记得方程解的定义吗？你会验证 $x=2$ 是分式方程 $\frac{5x-4}{2x-4} + \frac{1}{2} = \frac{2x+5}{3x-6}$ 的解吗？你有什么发现？为什么？

生：学生发现将求出的整式方程的解代入验证并不是原分式方程的解，教师引导学生反思解答的过程，排除计算错误、思路错误等客观原因，学生陷入困惑中。

师：我们的解答过程没有客观原因的错误，会不会有知识的错误？通过认真观察计算的步骤，请你分析出我们的变形依据？你有什么发现？

生：学生在认真反思自己学过的知识和自己解答的过程，最终发现是分式方程化整式方程时改变了原分式方程的解。

师：那我们以后在解分式方程时，为了确定解的正确性，需要在最后一步检验，以保证等价变形并且教师指出规范的检验格式。

师：请总结一下我们这节课的内容。

生：通过去分母解分式方程，最后一步要进行检验。

学生在教师的引导下，有序进行反思、验证并得出正确结论，学生学得津津有味，下课后老师问了几名学生，学生笑着回答："这节课听得好明白，感觉是我自己发现的结论。""太神奇了，感觉我自己好伟大，不过数学太严谨了。"学生在自我反思模式的教学过程中，获得了自我价值。

分析：数学审辩式思维表现为能发现原有认识的不足，善于检验自己的思考过程，不仅要学会一般知识，还要学会发现问题、举例说明并解决问题得出正确的结论，这是一个对学习内容不断审辩的过程。通过反思性的学习模式，在独立思考和辩论的过程中，培养了学生的推测与假设能力、解释能力、总结归纳和自我调控能力。老师恰当地构造问题，是学生产生疑问的基石，这需要老师对学生原有知识和新知识之间的联系和区别能把握得很好，能抓住知识发展的突破点从而构造好的例子和问题。教育心理学中指出：概念或规则的正例传递了最有利于概括的信息，反例则传递了最有利于辨别的信息。而审辩式思维的应用可以使得学生对于整个学习过程的内容进一步总结归纳得出最优的结论。所以构造知识学习中的矛盾点，通过比较思维、分化和思考错误，可以强化学生对知识的掌握，并且锻炼学生的思维发展，反思性教学可以很好地促进学生对原有知识结构的审辩式重组，课堂上学生运用反思性教学方式，反思自己的原有知识，反思自己的结论，反思自己听到的话，进而总结出正确可行的方案，使得学生真正参与到课堂中，也同时锻炼了学生的数学学习能力。

（三）案例反思

听课是中学生学习数学的主要和关键环节，听数学课不同于听评书，应结合课前预习抓住重点、难点听。听数学课的反思策略：

①记中反思。没有记忆就学不到知识，学习知识的过程就是不断理解记忆和同遗忘做斗争的过程，学习数学更是如此。记忆，包括心记、笔记；笔记是大脑的延伸记忆，为遗忘后的复习做准备。上课时间紧，记笔记就得讲究技巧，笔记应简明扼要，不能老师板书什么就记什么，老师说什么就记什么，要重点记解题的思想方法和主要步骤；也不要都用文字记，充分利用数学符号或图形来记，这样，减少记笔记时间，有较多时间听课和反思。

②听中作答。答，即回答老师的问题。听课一定要跟上老师讲课的思路进行思考，并及时回答老师的提问，这样既能防止自己走神，又能检验自己是否学会了。

③听中质疑。疑，即质疑、提问。大科学家爱因斯坦特别强调提问，他说："提出一个问题比解决一个问题更重要。"边听边反思老师的讲解是否正确，例题分析是否到位，例题解法是否合理，有无别解、简解，课堂上要敢于提出问题和想法。

④听中概括。听完课，用自己的语言（文字语言、符号语言、图表语言）概括所学内容，重点归纳这堂课学习的知识点、题型、解题思想方法、解题表述。

如果我们在平时教学中重视学生的反思性学习，不让学生过多地依赖老师的指导，也不将数学问题的答案作为问题的终结，学生的解题能力就会得到很大程度地提高。

二、几何作图

（一）案例背景

学生解题不仅依附于某些数学知识，更需要学生的思维习惯，其中就包括反思。对解题过程的反思可以优化数学解题思维，明确解题方向。学生可以从对解题过程的审题、思路、推理、运算、结果等方面进行解题过程的反思。

空间中各种要素之间关系的抽象描绘可以形成几何图形，几何是以几何图形为载体，利用几何图形的直观性帮助学生理解抽象的几何原理。傅仲孙先生认为：几何所追求的不是要知道它如此，而是要知道它为什么如此；不仅要知道它为什么如此，还得要领会从什么思路知道它所以如此。读了定理的条文就知道它说的是什么，经过证明才明白它所以如此。假若这些所谓的证明只能口头传授，而不能心领神会，那几何将毫无价值可言。下面列举几何作图教学的一个案例。

（二）教学实施

1. 教师出示任务

任务：已知两边及其中一边的对角，求作三角形。

师：对于这个任务你有什么想法？

生：学生通过对已学知识的反思整合，得出图形应该是"边边角"模型，个数不唯一，任务比较抽象无法画出准确图形。

师：那我们可以先画一个示意图进行分析。发现没有数据无法完成准确画图，因此，需要把任务拆分，把抽象的任务具体化并特殊化。

分析：数学知识的学习是知识不断重组和构成的过程，学生通过对题目的理解反思以及知识的回顾过程，与知识链发生联系。示意图有以下功能：其一是图将具体事物抽象化，将复杂的事物简单化，表示个别事物的普遍意义；其二是将抽象的事物形象化、直观化，使人们易于把握抽象思想。此处应用了示意图的第二个功能。另外文字是思维的外显，不同形式的知识呈现，对学生思维有着不同的作用，教师以抽象的文字形式给出作图任务，富有挑战性，激发兴趣，启发思考。学生学习新知识，进行新的探索，是循序渐进的过程，是探索的过程，对于抽象的任务，示意图可以一定程度上给予具体化和形象化，使学生知道，示意图在几何作图中的重要作用。最后教师将抽象任务具体化、特殊化，引导学生学习分析解决问题的方法；教师通过引导学生画示意图让学生审视解题的过程，总结规律。

活动一：分小组特殊化例子，先独立思考再讨论完成，学生展示。

2. 具体化、特殊化

生：

一组：$\angle A = 40°$，$BC = 4$，$AC = 3$；二组：$\angle A = 30°$，$BC = 3$，$AC = 1$；三组：$\angle A = 90°$，$BC = 5$，$AC = 4$；四组：$\angle A = 90°$，$BC = 2$，$AC = 1$；五组：$\angle A = 120°$，$BC = 2$，$AC = 3$。

师：请每个小组在纸上相应位置写出你们特殊化的三个元素的值，画出三角形并写明作图顺序。给大家五分钟时间，先独立思考再小组讨论呈现我们的结果，小组长来展示。

一组：先用量角器量出 $\angle A = 40°$，并在角的一边上用圆规以 A 为圆心，3 为半径，画弧，截取 $AC = 3$，再以 C 为圆心，4 为半径画弧，交

角的另一边于点 B，连接 BC，三角形 ABC 即为所求。

五组：我们先画了线段 $AC = 3$，然后以射线 AC 为边作 $\angle A = 120°$，再以 C 为圆心，2 为半径画弧，发现与角的另一边没有交点，所以三角形不存在。

师：对于同学们特殊化的情况，能不能按作图顺序做一个分类？

生：（1）$\angle A \rightarrow AC \rightarrow BC$；（2）$AC \rightarrow \angle A \rightarrow BC$；（3）$AC \rightarrow BC \rightarrow \angle A$；

师：比较哪种作图顺序更好？有没有第一步先画 BC 的同学？为什么没有？

生：前两种较好；如果先画 BC，A 点的具体位置无法确定。

师：对于不同的数据，画出三角形的个数不同，三角形的个数与什么有关系？不同数值下个数不同，我们需要进行什么操作？

生：边和角，分类讨论。

分析：此处特殊化为具体的例子，是在应用几何图形的第一个功能，来表示满足题意的个别图形的普遍意义。在数学问题的解决过程中，尤其几何问题，特殊的位置、情况往往是我们突破问题的关键点，学生通过反思画图的过程，总结出方法，但在得出具体结论时特殊位置并不能说明问题，因此对于特殊化的过程教师要引导学生注意等腰三角形等特殊三角形不能很好地表述任务。几何作图时用直尺圆规有限次完成作图，作的顺序至关重要，引导学生思考体会几何作图中作图顺序的重要性，为后面示范几何作图奠定基础。在分析的过程发现问题、解决问题是研究问题的一般过程，最后的分类讨论是水到渠成的一步，激发学生思考，通过反思题目和解答过程体会数学的严密逻辑性，为作图的存在性讨论埋下伏笔。

3. 一般化，解决任务

①作图。

师：为了后面方便大家进行分类讨论，我们先给出一个一般化的作图方法，我们的任务是"已知两边及其中一边的对角，求作三角形"，首先需要用符号语言来表示这个任务，结合示意图，把∠A记作∠α，AC记作b，BC记作a。结合示意图请同学们和我一起把已知和求作写下来。（教师注意选取适当的角和线段的长度，使得出现两个三角形）

师：刚刚我们已经分析了作图顺序，现在请同学直接来说作法，同学们和我一起完成画图。

生：先用圆规作一个角∠A等于已知角∠α，再用圆规以A为圆心，线段b的长为半径画圆弧交∠A的一边于点C，再以C为圆心，线段a的长为半径画圆弧交∠A的另一边于点B_1、B_2，即得△AB_1C、△AB_2C。

师：现在来证明一下我们完成的图形为所求。∵∠A=∠α，AC=b，$B_1C=a$，$B_2C=a$，∴△AB_1C、△AB_2C为所求作三角形。

师：我们对所有情况都这样画图吗？我们已经知道不是，所以我们开始分类讨论。这步完成，我们的任务才真正完成。

分析：造因法作图是所有作图方法中最重要的，分为两步：第一步是选出一条学过的定理，使它的题设与本作图题的求作相吻合。第二步是设法作图以实现该定理的题设，获得题段，达到求作的目的。此处的作图主要想到相关联的知识是全等三角形中的"边边角"模型，进而解决了问题。符号语言是数学语言的基础，也是主要的传播语言，把模型数学化也就是符号化的过程，让学生体会符号语言表示抽象任务是完成作图的第一步。教师在教学过程中起到引导示范作用，尤其在作图教学中，规范尺规作图的步骤，利用"两线相交于一点"去确定点的具体位置的思想和几何作图的步骤。在作图的过程中找到适用于设定条件各种情形的作法应在作法中写出，根据线索去不断反思解题的知识和方法，是学生学习数学很重要的能力。

②对存在性进行讨论。

师：反思我们的作图过程，需要对哪些量进行讨论？

生：α、a、b。

师：以我们的经验来看，当有多个变量时，如何进行分类讨论？

生：控制变量。

师：即固定两个量，在一个量变化下讨论三角形的个数，那你来试一试。给你们 10 分钟时间，通过小组合作，完成我们的分类讨论，并把结果写在纸上。

活动二：分小组讨论，学生展示

学生一：我们组选取的是固定 $\angle\alpha$ 和线段 b，让线段 a 的长度变化。设点 C 到 $\angle A$ 的另一边的距离为 h。首先若 $\angle\alpha$ 为锐角，当 $a \geq b$ 时一种，当 $h < a < b$ 时两种，当 $a < b$ 且 $a = h$ 时一种，当 $a < b$ 且 $a < h$ 时不存在；若 $\angle\alpha$ 为直角，当 $a > b$ 时一种，当 $a \leq b$ 时不存在；若 $\angle\alpha$ 为钝角，当 $a > b$ 时一种，当 $a \leq b$ 时不存在。

学生二：我们组选取的是固定线段 a 和 b，让 $\angle\alpha$ 的大小变化。当 $a > b$ 时一种；当 $a = b$ 时，若 $\alpha < 90°$ 一种，若 $\alpha \geq 90°$ 不存在；若 $a < b$，设图中临界位置的角度大小为 α_1，当 $\alpha < \alpha_1$ 时两种，当 $\alpha = \alpha_1$ 时一种，当 $\alpha > \alpha_1$ 时不存在。

预案一：固定 $\angle\alpha$ 和 b，基础不扎实的学生在 $\angle\alpha$，b 固定时，以为定的是 a，b

Ⅰ．$\angle\alpha$ 为锐角

①当 $a \geqslant b$ 时一种

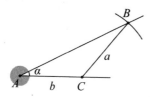

②当 $h < a < b$ 时两种

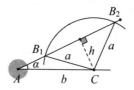

③当 $a < b$ 且 $a = h$ 时一种

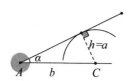

④当 $a < b$ 且 $a < h$ 时不存在

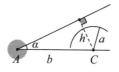

Ⅱ．$\angle\alpha$ 为直角

①当 $a > b$ 时一种

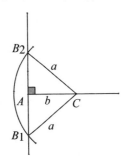

②当 $a \leqslant b$ 时不存在

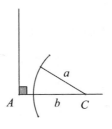

Ⅲ．$\angle\alpha$ 为钝角

①当 $a > b$ 时一种

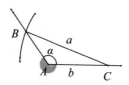

②当 $a \leqslant b$ 时不存在

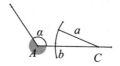

预案二：固定 $\angle\alpha$ 和 a

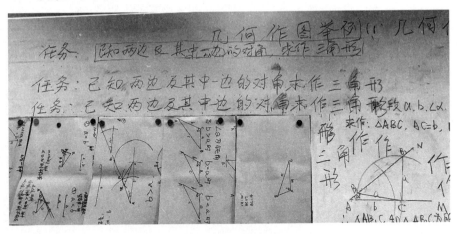

分析：问题的解决是一个完整的过程，要让学生体会分类讨论的过程和方法，经历抽象任务解决的过程。对作图的存在性进行讨论，通过多个变量下控制变量的方法，对图形的存在性进行讨论，体会几何作图中推究的必要性，培养学生分析、解决问题的能力。几何学担负着空间概念训练与逻辑能力训练的双重任务，在此得到了充分体现。

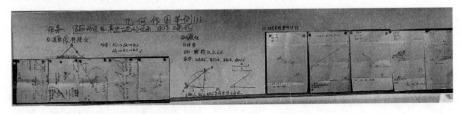

4. 回顾反思，掌握技能

活动三：回顾任务，谈谈收获

师：每个小组讨论的结果都很全面，思路很清晰，对于这节课你有什么收获？

生：学会了把抽象任务具体化、特殊化再一般化的方法，学会了如何分类讨论。

师：下面我们一起将本节课内容梳理一下，首先我们拿到一个抽象的任务要学会将它分解，并借助示意图加深我们的理解，在几何作图的过程中要注意三种语言的转化和作图的规范性步骤。最后当存在性不唯一时要学会在单一变量下分类讨论。

分析：养成课后反思的学习习惯，明确学习目的。通过回顾解题过程，感受抽象几何作图问题的解题步骤和分类讨论思想。第一步是设定，罗列题中的设定条件，一定要齐全；第二步是求作，说明所作的图形及全部要满足的条件；第三步是作法，叙述方法，是否有辅助线以及动手次序；第四步是证明，即证明作图方法得到的图形正是所求的图形；第五步是推究，即按照设定条件的多少、位置以及相互关系对作图题的有解、无解、能解、定解、不定解、一解、多解进行判定。

（三）案例反思

教育心理学中指出：解决问题的过程可以分为理解与表征问题阶段、寻求解答阶段、执行计划或尝试某种解答阶段、评价结果阶段四个部分。教育和教学是一种创造性工作，它从最基本的知识和技能的学习开始。几何作图基础知识的学习、基本技能的掌握以及作图方法解决问题，不仅仅是单纯作图技能的学习，而是在这些过程中学生也能够学到几何学的思想方法。如同计算是代数学习的基本操作一样，作图是学生进行几何学习的基本操作，是学生验证、发现几何结论的最常见途径，是学生进行数学实验最朴素最常用的方法。正如傅仲孙先生所言"作图题是存在问题的变形"，即画出图就做出了题。除此之外，对学生而言一个全新的作图题常常具有相当的挑战性，解该类题甚至需要创造性思维，因此它是培养学生分析问题、解决问题能力、激发数学学习兴趣很好的素材，这是图的功能之一，同时也与新课程改革的目标不谋而合。

解题的首要条件是理解题意，也就是审题，从问题情境中提取有用信息获取已知条件，弄懂它的含义。对审题过程的反思就是学生在解题活动结束后，对自己获取加工信息的过程进行反思，思考审题时出现的理解偏差、条件与目标的关系转化等，从而使学生在理解题意方面有规律可循，积累更多的经验。

对解题过程反思的另一个目的是对解题的思路、推导运算过程进行整理优化和简化。即在完成数学解题活动后对解题中的推理运算及思路的反思，从中总结形成优化的解题思维结构系统，养成良好的解题思维习惯，在之后的解题中用简洁、优化的思维结构进行思考和表述。

如何通过学生自己的思考建立起自己的数学理解能力，实现知识的主动建构，关键是在新知识的形成过程中，要让学生"一步一反思"，在"反思"中获得，使新知识内化从而建构起新的认知结构。在这个过程中，教师担负着引导者和支持者的重要角色。一是教师要力求创设有利于学生反思的学习情境，让学生在所创设的情境中暴露思维过程；二是教师要向学生提出明确的反思任务，不妨让他们多走些弯路，激发学生多方面的反思。

学生对以上各题的逐一思考、操作、反思、内化等学习过程，使新知识得到顺应，深化知识和方法的建构，达到学习的较好效果。

三、自我反思式教学模式的实践反思

教师是学生的引路人，教师更是反思性学习的促进者，教师必须不断地对自己的教学进行反思，不断地提高自己的教学水平。同时，在教学中教师必须积极地创造反思条件，引导学生自觉、主动地反思、归纳。反思性数学学习是要求学生要有高度的智力投入和十分丰富的学生活动。因此，在反思性数学教学过程中，教师要注重培养学生的数学反思能力。

（一）创设反思情境，强化学生的反思意识

让学生明确没有反思便很难有自我改错纠偏的道理；明确反思不仅能及时改正错误，还能优化已有认识，提高自身合理化水平；要使学生的反思行为习惯化，即主体遇到特定刺激便自然出现相应水平。

学生反思活动的促进者——教师，此时要创设轻松、信任、合作的气氛，帮助学生看到数学学习中的问题所在，使反思活动得以开展。教师可以从学生的实际出发，通过提供适当的问题或事例以促使学生反思。

（二）增强学生的反思毅力，培养学生的反思技能

反思不是简单地回顾和一般地分析，而是从新的层次、新的角度看到现实的不足。这就决定了学生至少要有下列反思的技能：第一，经验技能，它主要指学生借助经验对自身进行相对直觉的反思能力；第二，分析技能，它主要用于解释描述性的资料；第三，评价技能，它常用于对研究成果的意义做出判断；第四，策略技能，它告诉学生怎样进入行动计划和参与计划实施，如何进行反思性分析；第五，实践技能，它帮助学生把分析、实践、目的与手段等和良好的结果统一起来；第六，交往技能，它通过广泛讨论自己反思所得的观念等，加深学生对知识的理解。在教学中，教师要采取多种办法有意识地培养学生的反思技能。

反思的毅力不仅体现在学生反思的"持续性"，战胜困难、忍受痛苦的"韧劲"上，还表现在"督促"自己自始至终盯住自身学习的不

合理性，并敢于向别人"解释"自己的不合理性。在教学中，教师不妨有意设置反思障碍，让学生多次尝试，以磨砺学生的反思意志，增强学生的反思毅力。

（三）充分发挥学生在数学学习中的主体地位，引导学生学会对自己的思维活动进行反思和调节

反思性学习是智能发展的高层次表现，反思就是指在完成一项任务后回顾一下自己的智能活动过程，想一想自己的发现过程，有何经验，有何教训，及时总结最佳学习策略。通过反思可以使学生自觉地对反思性数学认知活动进行考察、分析、总结和评价，它是学生在反思性数学学习过程中强化自我意识、进行自我监控、自我调节的主要形式。

数学的学习并不总是"做"出来的，不管教师设计多么好的活动，只有当学生通过自己的思考建立起自己的理解时，才能真正地学好数学。新的数学观念形成后，学生就会试图用新的观念去重新认识已经积累起来的技巧、方法和规律，把它纳入刚刚建立起来的认知结构，这是一个学习反思过程。在每节课结束前，组织学生通过回答下列问题来进行学习小结：本节课学习的主要内容是什么？重难点是什么？揭示了哪些数学思想方法？每个章节学习结束前要求学生对本章节进行复习和小结，不仅要回顾所学的基础知识、基本思想与方法，还应总结自己的学习经验和体会，坚持写学习日记、周记等。

（四）在解决数学问题的过程中，要求学生学会认真审题，养成反思的习惯

审题是数学问题能否顺利解决的关键一环。解题前，审题为明确方向；解题中，审题为控制方向；解题后，审题为验证方向。现代认知心

理学认为，在解数学题这一心理活动中，包括"输入阶段—同化或顺应阶段—运用阶段"。在解决数学问题中，反思是发现的源泉，是一种积极的思维活动和探索行为，是促进知识同化和迁移的可靠途径。通过反思可以提高数学意识，优化思维品质；通过反思可以拓宽思路，优化解法，完善思维过程；通过反思可以沟通新、旧知识的关系，促进知识的同化和迁移；通过反思可以深化对问题的理解，并提高发现新问题的能力。因而，引导学生反思能促进他们从新的角度，多层次、多方面地对问题及解决问题的思维过程进行全面的考察、分析与思考。正如波利亚所说："在刚完成任务，而且当他的体验还是新鲜的时候，去回顾他所做的一切，有利于深究他刚才克服困难的实质。"所以，在他的著作《怎样解题》中提供了"怎样解题表"，将解题过程分为弄清问题、拟订计划、实现计划、回顾四个步骤。

总之，"反思"是建构主义理论在教学完成过程中的体现，它是对主体建构活动地再构建，即二次建构。教师在教学中要向学生提出明确的反思任务，并逐步培养学生养成反思习惯。提高学生的元认知水平（反思水平），从而促进学生数学观的形成和发展，更好地进行构建活动，实现数学学习的良好循环。